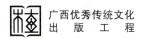

广西优秀传统文化
出版工程

"自然广西"丛书

江河奔腾

朱千华　著

广西科学技术出版社

·南宁·

微信／抖音扫码

图书在版编目（CIP）数据

江河奔腾 / 朱千华著 . —南宁：广西科学技术出版社，2023.9
（"自然广西"丛书）
ISBN 978-7-5551-1976-0

Ⅰ.①江… Ⅱ.①朱… Ⅲ.①江河—广西—普及读物 Ⅳ.① K928.42-49

中国国家版本馆 CIP 数据核字（2023）第 176312 号

JIANGHE BENTENG

江河奔腾

朱千华 著

出版人：梁 志		**装帧设计**：韦娇林 陈 凌	
项目统筹：罗煜涛		**美术编辑**：韦娇林	
项目协调：何杏华		**责任校对**：冯 靖	
责任编辑：秦慧聪 陈诗英		**责任印制**：陆 弟	

出版发行：广西科学技术出版社
社　　址：广西南宁市东葛路66号
邮政编码：530023
网　　址：http://www.gxkjs.com
印　　制：广西壮族自治区地质印刷厂

开　　本：889 mm×1240 mm　1/32
印　　张：7
字　　数：151千字
版　　次：2023 年 9 月第 1 版
印　　次：2023 年 9 月第 1 次印刷
书　　号：ISBN 978-7-5551-1976-0
定　　价：38.00元

总序

　　江河奔腾，青山叠翠，自然生态系统是万物赖以生存的家园。走向生态文明新时代，建设美丽中国，是实现中华民族伟大复兴中国梦的重要内容。

　　进入新时代，生态文明建设在党和国家事业发展全局中具有重要地位。党的二十大报告提出"推动绿色发展，促进人与自然和谐共生"。2023年7月，习近平总书记在全国生态环境保护大会上发表重要讲话，强调"把建设美丽中国摆在强国建设、民族复兴的突出位置"，"以高品质生态环境支撑高质量发展，加快推进人与自然和谐共生的现代化"，为进一步加强生态环境保护、推进生态文明建设提供了方向指引。

　　美丽宜居的生态环境是广西的"绿色名片"。广西地处祖国南疆，西北起于云贵高原的边缘，东北始于逶迤的五岭，向南直抵碧海银沙的北部湾。高山、丘陵、盆地、平原、江流、湖泊、海滨、岛屿等复杂的地貌和亚热带季风气候，造就了生物多样性特征明显的自然生态。山川秀丽，河溪俊美，生态多样，环境优良，物种丰富，广西在中国乃至世界的生态资源保护和生态文明建设中都起到举足轻重的作用。习近平总书记高度重视广西生态文明建设，称赞"广西生态优势金不换"，强调要守护好八桂大地的山水之美，在推动绿色发展上实现更大进展，为谱写人与自然和谐共生的中国式现代化广西篇章提供了科学指引。

生态安全是国家安全的重要组成部分，是经济社会持续健康发展的重要保障，是人类生存发展的基本条件。广西是我国南方重要生态屏障，承担着维护生态安全的重大职责。长期以来，广西厚植生态环境优势，把科学发展理念贯穿生态文明强区建设全过程。为贯彻落实党的二十大精神和习近平生态文明思想，广西壮族自治区党委宣传部指导策划，广西出版传媒集团组织广西科学技术出版社的编创团队出版"自然广西"丛书，系统梳理广西的自然资源、立体展现广西生态之美，充分彰显广西生态文明建设成就。该丛书被列入广西优秀传统文化出版工程，包括"山水""动物""植物"3个系列共16个分册，"山水"系列介绍山脉、水系、海洋、岩溶、奇石、矿产，"动物"系列介绍鸟类、兽类、昆虫、水生动物、远古动物、史前人类，"植物"系列介绍野生植物、古树名木、农业生态、远古植物。丛书以大量的科技文献资料和科学家多年的调查研究成果为基础，通过自然科学专家、优秀科普作家合作编撰，融合地质学、地貌学、海洋学、气候学、生物学、地理学、环境科学、历史学、考古学、人类学等诸多学科内容，以简洁而富有张力的文字、唯美的生态摄影作品、精致的科普手绘图等，全面系统介绍广西丰富多彩的自然资源，生动解读人与自然和谐共生的广西生态画卷，为建设新时代壮美广西提供文化支撑。

八桂大地，远山如黛，绿树葱茏，万物生机盎然，山水秀甲天下。这是广西自然生态环境的鲜明底色，让底色更鲜明是时代赋予我们的责任和使命。

推动提升公民科学素养，传承生态文明，是出版人的拳拳初心。党的二十大报告提出，"加强国家科普能力建设，深化全民阅读活动"，"推进文化自信自强，铸就社会主义文化新辉煌"。"自然广西"丛书集科学性、趣味性、可读性于一体，在全面梳理广西丰富多彩的自然资源的同时，致力传播生态文明理念，普及科学知识，进一步增强读者的生态文明意识。丛书的出版，生动立体呈现八桂大地壮美的山山水水、丰盈的生态资源和厚重的历史底蕴，引领世人发现广西自然之美；促使读者了解广西的自然生态，增强全民自然科学素养，以科学的观念和方法与大自然和谐相处；助力广西守好生态底色，走可持续发展之路，让广西的秀丽山水成为人们向往的"诗和远方"；以书为媒，推动生态文化交流，为谱写人与自然和谐共生的中国式现代化广西篇章贡献出版力量。

"自然广西"丛书，凝聚愿景再出发。新征程上，朝着生态文明建设目标，我们满怀信心、砥砺奋进。

探访广西水系

见证万古江河奔流不息

纵览八桂
大江大河

微信/抖音扫码

短视频讲解本书内容　快速获取核心观点

谱写 **江河之美**

拓宽 **阅读视野**

出版社品质好书推荐　完善你的知识地图

广西黄金水道溯源　专业视角解读西江

体察 **江河之变**

中华江河壮膽画卷　映衬百姓生活图鲜

俯瞰 **江河之采**

目录

微信 / 抖音扫码

综述：不废江河万古流

西江是珠江的干流。打开广西流域示意图就会发现，支流众多的西江水系几乎覆盖了整个广西，就像一棵横卧的参天大树，枝繁叶茂，所有支流由西北向东南浩荡流淌，在梧州汇集成巨大的"树干"——西江。

西江庞大树状水系的形成，与广西所处的地理位置有关。广西位于南岭之南——岭南。每年冬季，高高的南岭像一面矗立的巨墙，阻挡西伯利亚寒流继续南下，这使得广西的冬天较为暖和，有利于热带、亚热带作物的种植与生长。若你在冬天来到广西，走在街头可以看到热烈的三角梅肆意绽放；走向山野则会发现，成片成片的柑橘园和甘蔗林相映成趣，一切温暖如春。

若你在广西生活个一年半载，就能明显体会到广西的气候特征：雨季长，降水丰沛；气温高，雨热同期。不过，如此高温潮湿的气候的成因，受到南岭的影响只是其一，至少还有以下四个原因。

一是背陆面海，海陆兼备。广西地处云贵高原东南边缘、两广丘陵西部，南部濒临热带、亚热带海洋北部湾海域。

二是具备独特的地形条件。整个广西地势西北高、东南低，境内群山连绵，岭谷相间，四周有山地、高原环绕；中部和南部多丘陵平地，有"广西盆地"之称。如此地形，使得广西河流形成了自身的特点，即由西北流向东南，水量丰富，季节变化大；水流湍急，落差较大；有较多河湾、峡谷和险滩。

三是纬度较低。广西的最南端为北纬20° 54′ 09″的北海市海城涠洲镇斜阳岛，最北端始于北纬26° 23′ 19″桂林市的全州县大西江镇炎井村；北回归线横跨中部，属低纬度地区，各地年平均气温为 17 ～ 23℃，是全国平均气温较高的地区之一。

四是受大气环流影响。广西属于亚热带季风气候区，既临近西太平洋，又是印度洋孟加拉湾暖湿气流可以到达的区域。

以上几个因素共同形成了广西高温多雨的气候特征。广西是全国降水量较多的地区之一，平均年降水量为 1648 毫米。

广西是全国重要的森林生态优势区、森林资源富集区。截至 2021 年底，广西森林面积达 2.23 亿亩（1 亩 ≈ 0.067 公顷），森林覆盖率达 62.55%。广西每年植树造林 300 万亩，至 2021 年已持续 10 年，植被生态质量和森林生态改善程度均居全国第一位。

降水丰富，森林植被保护较好，非常利于涵养水源，这是广西河流密布的根本原因。

各地不同的地理环境让广西水系有了复杂多样的特点。除了西江水系，广西还有长江水系、沿海诸河、红河水系等。这些水系，共同构成了广西庞大而复杂的江河体系，并由此孕育出丰富多元的民族文化。

广西是民族聚居地区，共有 12 个世居民族，分别是壮族、汉族、瑶族、苗族、侗族、仫佬族、毛南族、回族、京族、彝族、水族和仡佬族。这些民族的祖先都有个共同特点，那就是逐水而居。

在南宁市隆安县县城东南方约 13 千米的乔建镇博浪村博浪屯，可以看到路边有座孤山，山腰有处洞穴，名为娅怀洞。站在洞口远眺，前面是一片开阔地，植被郁葱，风景十分宜人。现在的右江距离洞口虽有千米，但石器时代的右江应该就在洞口附近。

初看此山，平常无奇。谁也没料到，就是这样一个不起眼的小洞，因 2014 年的一次考古发现而震惊世界。让考古学家惊喜的，不是什么金银财宝，而是"三大件"：一是发现旧石器时代的墓葬和人骨化石；二是发现距今约 16000 年的稻属植硅体，三是出土文化遗物上万件。

2018 年，娅怀洞遗址入选"中国社会科学院考古学论坛·2017 年中国考古新发现"，并入围"2017 年度全国十大考古新发现"终评会。2019 年 10 月，娅怀洞遗址被国务院公布为第八批全国重点文物保护单位。

娅怀洞最珍贵的是那一捧距今约 16000 年的稻属植硅体，这是已发现的世界上最早的人类利用野生稻资源的证据，再加上两处火塘，以及螺壳、蚌壳、鱼骨、龟鳖甲等，足以证明旧石器时代的当地人已经过上了"饭稻羹鱼"的"小康"生活，他们吃米饭、嗦螺蛳、喝鱼汤，日子过得十分惬意。同时，这也表明，广西右江下游一带可能是世界上最早的稻作原乡之一。

当文明的曙光映照大地，广西境内大小江河沿岸，早已栖居着不少先民。他们择地而居，都有一个通用的选址准则："无水不足，无山不稳，无树不安，无田不居，宁居山坡，不占良田。"

这是广西先民对生活环境的朴素要求。我们今天仍能看到，广西的大多数村寨都依山傍水，悠悠流淌的河水，就这样哺育了寨子里一代又一代的生命。

逐水而居的生活使人变得更有智慧。水边居民渐渐适应了人与河流之间和谐相处的生态关系，河流也养成了他们的性格——勇敢坚忍，善良包容。千百年来，他们视万物有灵，如河流有水神、西江有龙母、大海祀妈祖……他们深信，只有保护好山林水源，才能与江河共同谱写人类绵延的新篇章。

漓江水晶莹透亮，酷似一条青罗带（黄凤桐　摄）

西江支流可谓风情万种，文化资源丰富多彩。西江很多支流都是国际河流，如左江、明江、黑水河等。这些河流都与越南有着千丝万缕的联系，中越边境上的边贸互市、跨国婚姻、跨国劳务等，基本上都是以这些河流为背景。边民虽分属两国，却能共用一条河，同饮一江水。

在西江支流中，还有鲜明的红色印记，如左江、右江等。1929年12月11日，由邓小平、张云逸、韦拔群等领导的百色起义在地处滇、黔、桂三省区交通枢纽的山城百色爆发。1930年2月1日，在邓小平、李明瑞、俞作豫等领导下，龙州起义在地处中越边境的龙州爆发。两次起义的成功，使左右江革命根据地得以建立。

此外，灵渠、漓江、桂江、贺江等，既是海上丝绸之路的纽带，又是沟通中华文明与世界文明的重要航道。

西江支流

寻江：古宜河往事

寻江，亦因抵达三江古宜镇而得名古宜河，其源头有二：一是五排河，二是两水河。

五排河，寻江主源，发源于桂林市资源县金紫山南麓车田苗族乡脚古冲村东。金紫山，海拔 1883 米，山顶气候冷暖无常、瞬息万变。山上有眼清泉，常年不溢

不竭。五排河流经脚古冲、田头水、龙塘至东田、竹子界，先后与发源于广西猫儿山国家级自然保护区的正清河、小地河、滚水塘河汇合，折西流经黄龙、烟竹，至白石与木厂河相汇，再向南流经和平、冲坪，至河口瑶族乡，纳入两水河。

两水河，发源于广西猫儿山国家级自然保护区八角田处，主要支流有古牛河、杨梅河、吊洞河、社水河、百合冲河、大竹坪河、塘垌河等。

河口瑶族乡因五排河与两水河在此交汇而得名。两河交汇后，向西纳入贝子河，始称桑江（古称贝子溪）；进入龙胜各族自治县后，经江底、泗水、龙胜、瓢里等四个乡镇，于石门塘流入三江侗族自治县境；最后，在

老堡乡三江口（杨忠平　摄）

三江老堡乡纳入都柳江，始称融江。

　　明洪武年间，置三江镇巡检司，后复置怀远县，属柳州府，县治设在三江口（今三江侗族自治县老堡乡）。"三江"，即寻江、榕江、融江，其交汇处的三江侗族自治县的县名即由此来。

　　寻江全长约 215 千米，为融江支流，属西江水系；流域面积 5098 平方千米，天然落差 1508 米，河流经山区，水源充足，河床弯曲；水力资源可开发装机容量 16.52 万千瓦。

寻江、榕江、融江三江汇流处（杨忠平　摄）

三江源的八角田与猫儿山杜鹃

猫儿山上有一块石碑，上刻"三江之源碑记"，是以指示附近漓江源、资江源、寻江源的大概位置的石碑所在处，海拔约 2000 米。这片三江源有个很奇怪的名字，叫八角田。很多人因此以为这里是八角林，其实是误解。这里是一片植被茂盛的沼泽地，略呈山间盆地的形状，山峦起伏，沟壑纵横，因有天然形成的 8 条水沟往各个方向流，故被称为八角田。

在这几千亩的盆地里，都是遮天蔽日的原始森林，其中有 1000 多棵铁杉。这些植物之所以能隐蔽生长成百上千年，猫儿山复杂多样的气候是原因之一。猫儿山山脚年平均气温 18.6℃，极端最低气温 –5℃；山上海拔 1200 米处年平均气温 12.5℃，极端最低气温 –15℃；山顶年平均气温 7℃，极端最低气温 –19℃。广西猫儿山国家级自然保护区的土壤类型主要为山地红壤、黄红壤、山地黄棕壤、山地矮林土，而八角田盆地为沼泽土。对绝大多数人而言，沼泽地就是陷阱，即使是有经验的护林员也不敢轻易踏入半步，否则不是迷路，就是陷入沼泽中。这种自然形成的生态屏障，很好地保护了八角田中这 1000 多棵珍贵的铁杉。

三江源的湿润，同样滋养了其他植物的生长，尤其是杜鹃属植物。广西猫儿山国家级自然保护区的野生杜鹃资源十分丰富，共有 5 属 46 种，约占广西杜鹃种类的一半，主要生长在海拔 1800～1900 米的沟壑边，集中在庵堂坪、老山界、《华南之巅》石刻附近一带。

猫儿山杜鹃、细瘦杜鹃、紫蓝花杜鹃、厚叶杜鹃、紫花杜鹃等为猫儿山特有物种。其中，冠以猫儿山之名的猫儿山杜鹃为杜鹃花科杜鹃属，高8～12米，花淡紫红色或带白色，硕大高洁，令人赏心悦目。

程阳风雨桥

　　广西侗族村寨别具一格，与众不同。大多数侗寨建在河溪两旁，傍水而居。故此，凡有侗寨必有风雨桥。桥上有廊有亭，既可行人又可避风雨。

　　林溪河，寻江支流，发源于三江侗族自治县林溪镇水团村彭木山，全长42千米，年径流量19776万立方米，流经程阳、光辉、文大等地，至周坪乡黄排村与八江河汇合，于石眼口汇入寻江。

　　广西三江拥有100多座具有侗族韵味的风雨桥，程阳永济桥是其中最著名的一座，它的规模最大，造型最美。程阳永济桥又名程阳风雨桥、程阳回龙桥，位于古宜镇北约20千米处的林溪镇之南部平岩村，横跨林溪河。

　　程阳永济桥始建于1912年，1924年建成，为石墩木结构楼阁式建筑，有2台3墩4孔。整座桥长64.4米，宽3.4米，高10.6米。墩台上建有5座塔式桥亭和19间桥廊，亭廊相连，浑然一体，雄伟壮观。这5座多角形桥亭均以整木圆柱为支架，横架斗拱，层层阁檐迭起，像展翅欲飞的雄鹰。桥亭之间有桥廊相接，廊内外有许多构图精美的侗族图案雕刻，雕梁画栋，美不胜收。

程阳永济桥在结构上均以大小杉木榫卯相接，上下吻合，纵横交错，不用一钉一铆却又十分牢固，从上到下浑然一体，显示出侗族人民非凡的创造才能以及侗族高超的传统建桥技术。

1982 年 2 月，程阳永济桥被公布为全国重点文物保护单位。广西大学土木工程系教授周霖曾带着学生慕名前来观赏。这座风雨桥令周霖叹为观止，他惊叹其为"天人之作"，称之"唯美、严谨、杰构"。在考察过程中，周霖发现永济桥因时间久远，桥轴移动，桥梁腐朽，墩基松散，便吁请文物部门迅速开展维修工作。然而，1983 年夏，距离周霖报告不到 10 日，山洪暴发，程阳永济桥因东部墩基被洪水淘空而崩溃，墩塌梁陷。为此，周霖痛心疾首，继续奔走呼号，向国家文物局申请拨款抢修。

1984 年，周霖受广西壮族自治区人民政府委托，负责程阳永济桥修复技术工程。林溪河两岸的乡亲为此捐款捐物。中国工艺美术大师、有"侗乡鲁班"之称的杨似玉应邀一同抢修程阳永济桥。杨似玉是第一批国家级非物质文化遗产项目"侗族木构建筑营造技艺"代表性传承人，1955 年生于林溪镇平岩村一个传统木匠世家，自幼随父习艺，虽识字不多，但深得祖传技艺，加之勤奋与悟性，手艺日精，便成为侗族木构建筑大师。其祖父与父亲曾参与过程阳永济桥的建设与修葺工作。洪水冲塌程阳永济桥后，他与父亲当仁不让，在没有任何图纸的情况下，仅凭木角尺、墨斗、竹签等简陋的工具便开始修复工作。成百上千的梁、枋、柱等尺寸全凭心算，仅用十几天就把需要的木料备齐。

三江程阳永济桥（周鸣　摄）

　　后来，周霖与杨似玉密切配合，历时 20 个月，将程阳永济桥修复如初。周霖在感慨之际，写下《永济桥修复记》，记述修复古桥的经过。可惜周霖英年早逝，后人遵其嘱，将他葬于程阳永济桥畔，与永济桥风雨永远在一起。

融江：柳江的上游

　　融江是柳州市最大的河流——柳江的上游，因过去在融县（今融安县）境内，故名。

　　融江的上源河段都柳江发源于贵州省独山县，向东流经贵州省三都水族自治县、榕江县、从江县，在从江县八洛进入广西北部的三江侗族自治县。融江的另一个支流——寻江发源于湖南和广西交界的金紫山东南麓和猫儿山八角田，流经龙胜各族自治县和三江侗族自治县，在老堡乡三江口与都柳江合流，由此称融江。融江折向南流，在柳城县凤山镇汇入龙江。龙江源于贵州三都水族自治县、独山县、荔波县之间分水岭的西南侧，全长367千米，其向西流经荔波县城东南，再西流后，称打狗河；进入广西河池后，始称金城江；至河池东江镇，纳入大环江南流，始称龙江；经宜州城东，在柳城县凤山镇与融江合流，始称柳江。

　　融江河段水深，全段均可通20吨船只。主要支流有阳江、浪溪河、大年河、贝江、龙江等。

　　浮石水库距融安县城14千米，是融江上的大型水库。这是一座以发电为主，结合航运、灌溉的综合利用水利工程，集水面积21870平方千米，多年平均径流量19.49亿立方米。水库有主坝1座，为混凝土重力坝，

融江江面上大雾四起（周鸣　摄）

水库按 50 年一遇洪水标准设计，300 年一遇洪水标准校核。

浮石水库总库容 4.5 亿立方米，电站装机 3 台、总容量 5.4 万千瓦，多年平均发电量 22000 万千瓦时，提水灌溉面积约为 6240 公顷。

柳江上游融江段的浮石水电站鸟瞰（谭凯兴　摄）

丹洲古城

丹洲古城，位于三江、融安、融水三县交界处，隶属三江侗族自治县丹洲镇，距三江县城约 56 千米，距柳州市 120 多千米。丹洲古城非常奇特，它并非筑在水岸边，而是建在融江的江心小岛——丹洲岛上。据民国时期《三江县志》记载，丹洲古城有"一围玉带"之称："四水环绕一洲，如玉带然。每月夜登楼一望，澄空如练，潋滟波光，亦一胜概也。太白'二水中分白鹭洲'，如此可见。"

因丹洲岛上曾植有枫林，每到霜降时节，丹枫如火，全岛一片火红色，如霞光满天，这才有了"丹洲"之名。丹洲岛呈狭长状，南北长约 1850 米，东西宽约 850 米，全岛总面积约 1.6 平方千米，其中村庄建设用地面积约 14.32 公顷。全岛四面环水，像一条巨大的鲇鱼伏卧江心。居民出岛、进岛，全靠渡船与外界联系。岛上有壮、汉、苗、瑶、侗 5 个民族的居民。

岛上的建筑融合了汉族文化和桂西北少数民族文化传统民居的形式，既保留了当地少数民族干栏式建筑风格，又吸收了闽粤两省汉族民居的特点，体现了文化的包容性。当年的闽粤会馆更是富丽堂皇，墙上各种彩绘古朴精美。所有的一切，都得益于融江发达的水上航运。商旅从丹洲乘船，溯江而上，过都柳江，可达贵州从江县，再从陆路到达贵州其他城市；也可从丹洲沿融江顺流而下，直达柳州及西江。

明万历十九年（1591 年），丹洲始为怀远县治。此后历经明、清两代，至民国初期，丹洲岛一直为县治所

在地。1914 年，怀远县改名三江县；1932 年，迁县治
至古宜镇。今丹洲古城尚存福建会馆、北门楼、古城墙、
丹洲书院等古迹。

　　丹洲岛的居民多以种植沙田柚为生。据报道，2021
年，岛上有柚子树 8000 多棵，其中还包括 10 多棵百年
古树。丹洲沙田柚颇为与众不同，其果肉清甜爽口，紧
实多汁。每年 11 月初，丹洲岛上都要举办柚子节。每

丹洲古城码头（杨忠平　摄）

到那时，丹洲岛人如潮涌，盛况空前。

在丹洲岛东部的码头附近，有一棵奇特的古树。这棵古树为柳榕合生，相传为明代怀远县知县苏朝阳建怀远城于丹洲岛时所植，至今仍枝繁叶茂。榕树附生于柳树，为世所罕见，丹洲岛上仅此一棵，令人称奇。

广西目前发现最早的人类

在生态环境部公布的 2022 年 1—12 月国家地表水考核断面水环境质量状况排名中，柳州市名列全国第一，而考核断面所在水体则包括柳江。柳江流域除了美丽的风光，还挖掘出了广西目前发现最早的人类。

1958 年 9 月 24 日，广西柳江县（今柳州市柳江区）新兴农场（当时为劳改农场）一个分队的服刑人员，正在农场附近寻找肥泥。他们听说距离农场不远的地方，有个通天岩，其旁的山洞中，有大量的肥泥可作肥料。于是服刑人员高举火把前往，把山洞照得通亮。他们一连挖了几天，把洞里的堆积土挖下近 3 米深。

在距离洞口 18 米处，有人挖出了一件头骨。农场场长李殿得知这个发现后，迅速将这一发现上报中国科学院古脊椎动物与古人类研究所。很巧的是，当时研究所的专家、著名古人类学家吴汝康院士的得意门生林一璞，正在柳州进行巨猿洞发掘工作。

林一璞得到消息后立即赶到通天岩现场。拿到头骨后，他眼前一亮，当即确认这正是他们苦苦寻找的古人类头骨化石。林一璞立即把头骨送到北京进行研究。

翌年，中国科学院古脊椎动物与古人类研究所的李有恒等人再次来到通天岩进行发掘，又发现了4节胸椎、5节腰椎，以及骶骨、右髋骨、左股骨、右股骨各一段，此外还挖出大量哺乳动物的化石。

吴汝康院士对在柳州通天岩洞发现的古人类化石进行了鉴定研究。他发现，先后在该山洞发现的人类化石同属于一个男性个体，年龄在40岁左右，于是将其命名为柳江人。2004年，山东大学的王颁教授率研究团队利用铀系法对柳江人所在遗址的地层年代进行了测定，将化石年代划定在距今13万年到距今7万年之间。

此前学术界普遍认为，人类最初在非洲起源，演化至直立人后，部分群体在距今约20万年的时候走出非洲，扩散到了欧洲和亚洲。但随着新的考古资料的发现，以中国科学院古脊椎动物和古人类研究所吴新智院士为代表的中国古人类学家，则提出了"多地区起源说"。此学说认为分布在亚欧的现代人是由当地古人类（直立人和早期智人）进化而来的，而柳江人头骨化石的发现，为"多地区起源说"提供了重要佐证。

柳江流域地处亚热带，气候温暖湿润，在高温多雨的条件下，经过长期的淋蚀溶解作用，地下形成了各种溶洞。各类山洞和溶洞，成为早期人类理想的居所。在更新世晚期，这里夏长冬暖，日照较长，雨水丰沛，到处都是郁郁葱葱的亚热带森林和鲜果，还有各种飞禽走兽、鱼虾蚌螺等，为早期人类生存和繁衍提供了优质的资源。

驮娘江：句町古国的青铜之光

驮娘江是神秘的。尽管驮娘江大部分河段在广西，但其发源地却在云南省文山壮族苗族自治州广南县西北部的九龙山。清道光《广南府志》赞誉九龙山为"万山鼻祖，江河之源"。右江的河源段驮娘江及其支流西洋江，均发源于九龙山。

西洋江自九龙山南麓流出，折向东北流，至广南县板蚌乡出云南，进入广西西林县境，后在广西田林县八渡瑶族乡合塘村百嘎屯汇入驮娘江，全长221千米。

驮娘江自九龙山北麓流出，向东流64千米，经广南县坝美镇进入广西西林县境，后又向东南流入田林县，沿云南、广西两省（区）边界南流，在八渡瑶族乡合塘村百嘎屯与西洋江合流，始称剥隘河；又经富宁县剥隘镇，沿云桂公路向东南流，过百色后称右江。

驮娘江水系发达，支流众多，主要支流有冷平河、西洋江、谷拉河、乐里河等；全长约180千米，流域面积约11600平方千米。

驮娘江在西汉称文象水，至清代始称驮娘江。但"驮娘"二字却让许多人望文生义，想象出各种关于驮娘的故事。这些故事虽感人非常，却不是"驮娘"的本意。"驮娘"二字应为壮语，壮语"驮"即"河"的读音，如渌驮河、驮闷河等；壮语"娘"为红色之意。因此，驮娘江的本义应为"红河"。

驮娘江的水电世界

西林县在广西西北部，处于云贵高原向广西丘陵过渡的褶皱地带，群山高峻，峰岭连绵，地势由西北向东南倾斜。驮娘江流经其间，河床窄，水流急，水力资源丰富，旧时为云南和广西的水上交通要道。

驮娘江西林县段自然落差 307 米，可利用落差 181 米，水能理论蕴藏量 13.55 万千瓦。中华人民共和国成立前，这里没有一座水电站。21 世纪初，一个规模庞大的水电开发工程正式启动，驮娘江上变得热闹起来。西林县计划在驮娘江上建 11 座梯级水电站，从上游到下游分别为威后、母湖、者甲、斗皇、那维、克林、那劳、那宾、那沙、弄南、八书，总装机容量 12.1 万千瓦，总投资近 10 亿元。

威后水电站是驮娘江梯级水电站 11 个梯级规划的第一级，装机容量 3.2 万千瓦；坝址位于西林县普合苗族乡那后村，距西林县城 23 千米。威后水库，现称为威后湖，四周群山环绕，有湖心小岛一座。湖光山色如此安静，夕阳余晖里，垂钓者怡然自乐，一切静默无言，只剩下归鸟的唧唧啾鸣。

2023 年 2 月底，威后水电站顺利通过广西壮族自治区水利厅组织的竣工验收。作为驮娘江梯级水电站开发的最大一级水电站，威后水电站建成后作用巨大。

除了发电，威后水库还有调节功能，在灌溉、饮水、生态、抗旱等方面发挥着不可估量的作用。

驮娘江往事

静静流淌的驮娘江上流传着许多故事，其中最具代表性的就是关于句町古国的传说和清末的"西林教案"了。

句町古国很可能起源于商代。句町之名最早见于史籍记载是在《汉书·地理志》中，里面提到汉武帝元鼎六年（公元前 111 年）设牂（zāng）牁（kē）郡，下辖 17 个县，其中即有句町县。句町古国的国都在哪里？为此，广西西林县和云南广南县争得不可开交，至今未有定论。但两县有个共识，那就是句町国都的中心位置，基本上确定在西林县和广南县之间，或者说就在流过两县的驮娘江之畔。

可以这么说，驮娘江就是句町古国的母亲河。

广南县发现了一些汉墓遗址并出土了不少铜鼓，这或可成为句町国定都于此的有力证据。而西林县呢，有什么可信的证据吗？ 1969 年 12 月 15 日，从西林县八达镇至田林县潞城区（今潞城瑶族乡）的乡村公路已修到普驮屯。一个民工在普驮粮站附近的山包取土填方，一锄下去，刨出一个铜绿色的尖角；等全部清理出来，才发现那尖角的"真身"竟是一具铜棺！民工们欣喜若狂。以铜为棺，墓主身份绝非一般，棺内必有宝物！然而，徒手无法打开棺盖，民工们只好以钢钎、镐锄撬开铜盖板。就这样，铜棺里面的随葬品被洗劫一空，就连铜棺也被熔化成"铜液"。后来，文物部门征缴了几块纹样精美的铜棺碎片。

对此，许多考古学家、历史学家无不扼腕长叹，因为失去的那些文物，很有可能会揭开有关句町古国的历史悬案，解答句町国王是谁、国都何在、国土范围多大等众多谜题。在桂西这片高山绵延的边城地带，能够铸造出厚薄如此均匀、纹饰如此复杂精美的大型青铜器，可以说非同寻常。至今，仍有不少研究者来到驮娘江边的普驮屯，探寻句町古国的秘密。

驮娘江畔的定安镇，或许很多人不熟悉，但说起近代史上震惊世界的"西林教案"（即马神父事件），大家一定不会陌生，其发生地就在今定安镇。可定安镇是田林县的行政辖区，为什么这件事会被称为西林教案呢？原来，定安镇就是原西林县治，现划属田林县。

马神父原名马赖，是法国传教士。1853年6月，他闯入西林县非法传教。在西林传教期间，马赖不仅奸污妇女，还与当地土匪勾结，以此控制乡绅和地方官府。

马赖长期作奸犯科，恶行引起当地群众的极大愤慨。1856年2月，忍无可忍的群众终于将这个恶徒告上西林县衙。新任知县张鸣凤接到举报，立即缉拿马赖。

2月25日，闻风躲藏的马赖被逮捕入狱。经审查，马赖罪行被一一核实，依法当斩。四天之后，张鸣凤将作恶多端的马赖押赴驮娘江边行刑。

结果，法国以此事件为借口，和英国一起发动了第二次鸦片战争。被誉为"东方梦幻之园"的大型皇家园林圆明园，即在此战争中被劫毁一空。

右江：粤西丝路古道

"昔年观地志，此水出牂牁。断岸深无底，平流暗起波。感恩来客少，射影短狐多。未老诸蛮在，楼船空

再过。"这首古诗名为《那霸泉》，又名《右江》，乃北宋诗人陶弼所作。诗人眼里的右江是一片壮阔景象，处处有险滩、激流、暗礁，险象环生。

　　那霸泉距田州（今田东县）25千米，四时不竭。诗中所描绘的右江，发源于古牂牁郡境内，即今天的云南广南县听弄村，流经驮娘江、剥隘河，经剥隘镇至百色市，纳入澄碧河，始称右江；在南宁市江南区江西镇宋村与左江汇合，始称邕江。以驮娘江为源至宋村三江口，全长677千米。

右江隆安段（吕秀英　摄）

百色大码头

百色大码头三江口，由剥隘河、澄碧江、右江三江汇集而成。狭义的右江即指从大码头开始，向东南流经田阳、田东、平果、隆安诸地。这里曾经停泊着数以百计的渔舟和各种货船。还有一种用椿木做的橄榄状小艇，耐碰撞、不易坏，专门往返于剥隘河，当地人都叫它"剥隘艇"。这种小艇没有方向舵，船头有三把橹桨，而尾部只有一把。首尾桨主要是把握航向，逆水行舟时，还需上岸背纤。大码头一带曾经风帆林立、百舸争流，岸边全是人，都是来揽活挣钱的，因此这条水道又被称为"黄金水道"。

百色之所以被称为"鹅城"，是因为其古城池像一只天鹅在饮水。天鹅之嘴对准剥隘河口，故当地人又称剥隘河为鹅江。以前，一条剥隘艇，从百色批发些棉纱、布匹、食盐、煤油、陶瓷器皿、日杂百货、铜铁制品，逆流而上，西去 140 千米至剥隘镇。那时在这条航道上航行要过很多险滩，如遇旱季，浅滩阻航，还得下水推舟过滩；若有顺风，一般三天即到，无风则需五天。到了剥隘镇后，再从剥隘镇进些八角、桐果、茴油、草药等回百色。这时顺水而下，可就轻松许多，一般两天时间就到了。

1988 年以后，公路、铁路发达起来，右江水运迅速没落。

田阳那坡镇

　　百色市区到田阳区那坡镇只有30多千米路程，坐汽车很快就到。但在以前，往返两地只能从右江水道通行，江面上大小船只往来穿梭，其繁忙程度不亚于今日的高速公路。那时的那坡还是县治所在，1935年，恩阳、奉议两县合并为田阳县，治所就设在右江河畔的那坡。

　　那坡的地理形状很奇特。右江在其西、南、东三面绕了一圈。这里仍属右江上游，南靠石山，北接右江谷地。和许多沿江城镇一样，那坡的码头也分为大码头、二码头、三码头等。从码头上岸之后就是老街区。尽管往昔繁华早已不再，可站在寂静的码头边沐浴着习习江风，仍能感受到当年人群鱼贯而入的喧嚣，听到扛包的号子声和轮船的鸣笛声。

　　进入那坡老街，两边各种老屋像陈旧的照片。六条始建于民国时期的旧街道仍能辨识，至今仍沿用着旧时的街名。

　　民国初年，那坡只是奉议县的一个小圩场，因地处右江之滨，得水路之便，周边山区的棉纱、布匹、食盐、烟丝、八角、苗油、桐油等日用品都在那坡中转。这里日渐繁荣，遂成商旅云集之地，并由此诞生了名震右江流域的大商号：黄恒栈。黄恒栈老洋楼位于那坡镇上新街44号，由三进房组成，前进为法式砖木结构三层平顶楼房，孔门式檐廊，梅瓶式栏杆。这栋老洋楼建于1914年，已有百余年历史，它记载了以土特产起家的黄氏家族的兴衰历史。黄恒栈商号的创始人黄嵩安，起初在那坡靠磨豆腐、蒸酒、养猪起家，后来生意越做越大，由金陵大学毕业的小儿子黄奕勋接管家族产业，最终将黄恒栈发展成右江流域的头牌商号。

在同合街 1 号，有一座砖木结构三层平顶楼房，楼内中厅两旁圆柱头上雕有莲花，黄恒栈的核心人物黄奕勋一家曾居于此。

横山寨：粤西古道

打开卫星地图就可以很明显地看到，自百色市向东南方向有一条白色地带，如同夜空中的银河，地理特征十分明显。这就是著名的右江百里河谷，从百色市到平果市，全长 120 千米左右。河谷地带高温湿热的地理环境非常适宜芒果生长，田东县也因此成为"中国芒果之乡"。全县芒果种植面积 30 多万亩，总产值超 10 亿元。每年 5 月，在田东县可以看到漫山遍野枝繁叶茂的芒果树，有的花开正浓，有的硕果累累。

从田东县城到祥周镇百银村的途中会经过一片废墟。这片废墟在宋代曾经是名震岭南的商贸之城——横山寨。

南宋文人周去非曾在桂林做过小官，他把在广西的见闻写成一部《岭外代答》，这是如今研究宋代广西社会经济、风俗人情以及山川物产的重要著作。书中反复提到一个神秘的地方——横山寨，如"中国通道南蛮，必由邕州横山寨"。

邕州横山寨在哪里，千百年来一直有争议。20世纪80年代初，广西文物工作队（今广西文物保护与考古研究所）在田东县祥周镇百银村发现了一座古城遗址。2011年，广西文物工作者再次对这座古城遗址进行考古发掘，出土了大量钱币、瓷器等宋代文物，考古专家因此断定这里就是古籍中记载的"横山寨"。古城遗址范围便是百银村的上寨、下寨和银匠三个小村屯。

周去非在《岭外代答》中，经常提到"买马"一词，例如经略司买马、宜州买马等，还特别记载了"邕州横山寨博易场"，写道："蛮马之来，他货亦至。"博易场，就是当时的大型商品交易会。使横山寨留下千古美名的，正是这蛮马的买卖。横山寨马市的兴起与南宋当时的战争有关。在北方金兵的猛烈进攻之下，宋高宗赵构偏安杭州。前方岳飞等正率部队打仗，急需军马。以前战马主要来源于西北地区，金兵南下之后切断了西北通道，南宋只好把寻马的目光投向南方。西南地区养马的地方主要在大理国。从大理国到横山寨之间，有个小国家，叫自杞国。大理国的马匹要想到横山寨进行交易，必须经过自杞国。自杞国不产马，于是强行低价买下这些大理国的马，然后送到横山寨，以高价卖给宋人。如此，自杞国仅仅靠贩马这一项就赚得盆满钵满，自身整体国力得到提升，人民生活"直奔小康"，变成了小国中的强国。

自杞国贩来的大理战马确实与众不同，很快受到了前方战士的欢迎，成了国家"定点采购对象"。在横山寨以东地区，一直到今日的平马镇，这5千米左右的范围内就是著名的横山寨博易场所在。有人说平马镇名字

的由来源于"评马",这只是其一。还有一种说法,就
是这一地带水草丰美,最适宜养马。平马者,即草坪之
马也。

自杞国的马贩们把优良的战马牵到横山寨,由马官
们仔细挑选,然后讨价还价,最后成交。选好的战马再
由专人送往前线战场。从此,每年南宋朝廷要在横山寨
马市购买战马 1500 ～ 3500 匹,可想而知横山寨商贾
云集、万马齐鸣的繁华景象。根据史书记载,南宋朝廷
从广西买回来的战马,曾经分给岳飞 300 匹、张浚 100
匹、韩世忠 700 匹。这些赫赫有名的抗金名将所骑战马,
正是来自广西横山寨。

澄碧河水库

澄碧河水库位于百色市区北面 5.5 千米的永乐镇境
内,是百色市最大的水库,因水库是拦截澄碧河建成的,
故名。澄碧河水库始建于 1958 年 9 月,1966 年建成,
以发电为主,供百色、田东等市、县生活用电和工业用
电,并供农业提水、灌溉农田,同时可结合防洪、养殖
等进行综合利用。

澄碧河水库的水源来自百色市凌云县水源洞,并
有多条支流汇集。正常水位为 185 米,最大蓄水量为
11.3 亿立方米,最大水库面积 39.1 平方千米,正常水
深 65 米,属多年调节,集水面积为 2000 平方千米。大
坝为黏土心墙结构,坝高 70.4 米,坝长 425 米。水库
按 1000 年一遇洪水标准设计,洪峰流量 6640 米^3/秒;

澄碧湖风景区（陈镜宇　摄）

按 1 万年一遇洪水标准校核，洪峰流量 8700 米^3/ 秒。

　　澄碧河水库原设计为以自流灌溉为主的水库。因渠道工程艰巨，已开凿的部分灌溉隧洞废弃，现已成为一个以发电为主、综合利用的大型水利工程。澄碧湖风景区成立之后，库区已成为市民休闲观光的最佳去处。傍晚时分，立于望湖亭，岸边芦苇丛青，荷藻出水，库区大小诸峰如墨绿的翠玉浮于水面，烟霭缥缈，映带其间，令人遐想。

明江：木棉花盛开的河流

　　明江，原名瀼江。《汉书·地理志》和《水经·温水注》称其为侵离水。唐贞观十二年（638年）置瀼州，以侵离水称瀼水、瀼江；唐开元元年（713年）在今宁明县明江镇置思明羁縻州，故称明江。关于"明江"的由来，《上思县志》中另有一说："明江在城南半里。其水发源于十万大山，曲折逶迤百有余里，深不可测，流至县城南门成一深潭。尝于日入后，临江一望，日影犹印潭中，故名明江。"

　　明江，又名萦江，西江水系左江一级支流，位于上思县中部，发源于上思县叫安镇十万大山北麓柞老顶以北1.5千米处。明江向东北流，至双板村平念屯，转向西北流；至上思县东南，折向西南，流至平福乡纳入驮林河；后转向西北流，至在妙镇在妙圩，又转向西南流约6千米，纳入公安河；后转向西流，至宁明县城中镇寨密村，纳入派连河；后转向西北流，至龙州县上金乡上金圩，汇入左江。明江流域面积6379平方千米，干流全长308千米。

　　十万大山，是桂南呈东北—西南走向的山脉，分布于防城、上思、宁明至中越边界，海拔较低，紧邻北部湾，起伏绵延。十万大山真的有十万座山吗？《广西山名解读》认为，"十万"是南壮方言"适伐"的记音，在壮语中，"伐"为天的意思，"适"为地的意思，"适伐"就是顶天立地之山。后来，"适伐大山"渐渐音译为汉语"十万大山"。这是一个美丽的音译，大气磅礴，形象地表现出这条山脉由山到海、群峰林立的地理景观。

明江两岸皆为喀斯特地貌，奇峰倒映江水；两岸木棉树高高耸立，一路逶迤。每年春天，从雨水前后直到清明节，火红的木棉花在明江两岸竞相绽放。木棉花的花朵硕大饱满，十分厚实。这一阶段，木棉花一簇簇、

明江风光（陈镜宇　摄）

一片片，落红遍地，与明江两岸广袤田野里的紫荆花、三角梅等，一起簇拥着春天的到来。

明江之畔的花山岩画

明江之畔，群山静默。这里原是一片荒草萋萋、人迹罕至的山野台地。灌木丛中，一条宁静河道逶迤远去，这就是来自十万大山的明江。除了沿江几棵百年古榕和高大挺拔的木棉，四周十分空旷。

明江旁那座山峰并不很高，海拔仅 345 米，但自古以来壮族人民一直视之为神山。当地村民称之为"岜莱"，此为壮语发音，"岜"是指山，"莱"是花花绿绿之意，岜莱译为汉文即为花山。从远处看，花山与周围的喀斯特石山并无不同。但走近花山就会发现，其临江的整个壁面是一片断岩，如被神斧劈开，形成陡崖，向江边倾斜，壁面较平。举世闻名的花山岩画，就出现在这片临江的断岩上。

这是目前在世界范围内所发现的规模最大的古代岩画之一。经过几千年的变迁，受地质、风雨、河水，以及现代生活等多种因素影响，花山岩画已遭受严重蚀剥，不少图案开始褪色、黯淡；还有一些岩画已经开裂，呈鳞片状；更有甚者已被钟乳石覆盖。若不采取保护措施，实施加固修复工程，那些珍贵的岩画很有可能消失不见。花山岩画本体抢救性修复保护工程从 2009 年 12 月 8 日开始，历时 5 年完成。

明江对岸的小村名叫岜耀屯，村里的百姓多以在明

花山远景（梁集祥　摄）

江打鱼为生。花山附近基本上都是壮族村寨，壮族人民每年都会在"三月三"骆越王节跳舞、祭山、对歌，俗称赶歌圩。传说以前岜耀屯村民祭祀跳舞都是赤脚而行，地上的尖石碎片很容易划破脚底。后来，他们发现在花山对面的这块台地上跳舞，即使跳上三天三夜，脚上的伤口也不会流血，甚至还能很快痊愈。村民因此相信，如此神奇的台地，一定是有花山之神的暗中保佑。久而久之，花山即成为远近闻名的神山。

后经调查发现，这片台地附近长着茂盛的草珊瑚。这是一种民间常用草药，其有效成分能消肿止痛、抗菌消炎，尤其对于跌打损伤、创口感染等具有很好的疗效。但岜耀屯村民们仍无比坚信花山之神的存在。每年"三月三"骆越王节，他们都会在这里举行祭山活动，舞蹈与花山岩画上的动作几乎一致。

明江花山之谜

从岜耀屯旁边的古渡乘小舟，渡明江，穿过一片灌木丛林，来到花山岩画的近前。一面断岩陡壁，俯临明江。岩画色彩呈红色，密密麻麻分布在崖壁上，俯瞰尘世，显示出威严与神圣。

花山岩画宽 200 多米，高约 40 米，现存图画 1900 多幅，内容有人物、动物、铜鼓（或铜锣）、环首刀等。岩画中的许多人像双脚下蹲，呈"八"字形张开，双手向上托举，整个造型如蛙泳。人像线条粗犷有力，形象古朴。然而，如此壮观的岩画场景在很长一段时间里都

花山岩画（梁集祥　摄）

默默无闻。花山岩画是什么时期的作品？使用的是什么颜料？如何画上去的？作者是谁？这些问题一直是谜团，专家翻遍当地的古代方志、野史笔记，都未能找到答案。

岭南天气湿热，文献、建筑等保存殊为不易。关于左江岩画的史料记载一直未能找到，偶有零星记述也都语焉不详，这为谜一样的岩画增添了更加神秘的色彩。现在能看到的最早的文献，是宋代李石的《续博物志》，该志卷八中这样写道："二广深溪石壁上有鬼影，如澹墨画。船人行，以为其祖考，祭之不敢慢。"另外两部笔记作品里也只能找到片言只语：一是明代张穆的《异闻录》，载"广西太平府有高崖数里，现兵马持刀杖，或有无首者。舟人戒无指，有言之者，则患病"；二是明代黄定宜的《考辨随笔》，载"沿溪三十六峰，皆山岸壁画也"。一直到清光绪《宁明州志》才有了比较详细的文字："花山距城五十里，峭壁中有生成赤色人形，皆裸体，或大或小，或执干戈，或骑马。未乱之先，色明亮；乱过之后，色稍暗淡。又沿江一带两岸，石壁如此类者多有。"

1986 年，北京大学考古系年代测定实验室通过对花山图像的碳 –14 测年分析，确认岩画年代大概在公元前 420 年至公元 165 年，即春秋战国至东汉时期，这一结果为花山岩画研究提供了时代背景的依据。现代科技也检测出绘画颜料的主要成分是氧化铁，颜料中含有植物性胶结材料或植物树液的黏合剂。

2016 年 7 月 15 日，在第 40 届世界遗产大会上，花山岩画作为世界文化遗产被列入《世界遗产名录》，实现中国岩画遗产、广西世界文化遗产、壮族世界文化遗产三个"零"的突破，惊艳世界。

花山就在明江岸边（黄文伟　摄）

那板水库

那板水库位于明江上游，十万大山脚下，距上思县城 4 千米。那板水库集水面积 490 平方千米，多年平均径流量 5.03 亿立方米。因库区地处十万大山，山林植被良好，雨水充沛，来水量大。水库正常蓄水位 220 米，总库容 7.2 亿立方米。

那板水库为多年调节水库，主坝为黏土心墙坝，坝长 313 米，最大坝高达到 59 米，坝顶高程 232 米，坝顶宽 6 米。水库以灌溉、发电、防洪为主，设计灌溉面积 9.3 万亩，有效灌溉面积 2.23 万亩。

那板水电站装机 4 台，容量 1.26 万千瓦，年均发电量为 3047 万千瓦时。

在防洪方面，那板水库可使上思县防御 100 年一遇的洪水，保护明江两岸 22 万亩农田。

那板水库（吴业庆 摄）

1960 年拦江筑坝建成的那板水库，库区正常水面 43500 亩，从坝首至平江农场 25 千米，水面宽窄相间，曲折萦回，山清水秀。库区内沟壑纵横，支流众多，水巷纵横，如水上迷宫。因库区处于十万大山的崇山峻岭间，当地人又把水库称为山中湖。春夏两季，那板水库水量充沛，库区水面时常有水鸟凌空，白鹭飞翔，出没于烟波杳霭间。

距坝首 5 千米处，有独秀山异峰突起，尖细如笔，为库区一奇景。

黑水河：湿地如画，倒影如黛

归春河，全长 105 千米，是中越国际河流，是左江重要支流黑水河的上游。在中越边境，归春河与黑水河的概念少有人能分清，但对于著名的德天跨国大瀑布大家都耳熟能详。德天瀑布位于广西崇左市大新县硕龙镇德天村，是中越跨国瀑布群，宽 200 多米，纵深 60 多米，落差 70 多米，年平均流量 50 米^3/ 秒，为亚洲第一大、世界第四大跨国瀑布。

当我们目睹壮观的德天瀑布如脱缰野马喷涌而出，耳边有瀑布声轰鸣作响时，心里总有个疑问：如此巨大的跨国瀑布，其源源不断的湍急流水从何而来，又往何处去？

靖西市全境都是典型的喀斯特地貌，地下水资源十分丰富。靖西的地下水通常是以暗河和泉涌形式集中径流，又有以地下河形式分散径流，所以当地较大河流的发源地，多在地下河的出口处。归春河就是一条喀斯特水，它有时潜伏地下，有时又从天窗流出。

归春河是中越边境上的著名界河，它的源头有两处。靖西市新靖镇环河村的"渔翁撒网"（山名）山脚下有一座水库，叫大龙潭，其汇聚了周边的地下河水，形成了流向东南方向的难滩河，这是归春河的源头之一。

归春河的另一个源头，在靖西市禄峒镇的凌准村。这里遍布喀斯特峰丛峰林，地下暗河四通八达。河水从凌准村向东南潜流 21 千米抵达鹅泉，形成鹅泉河，又经旧州、二郎村，在靖西市化峒镇爱布村能首屯十九渡桥汇入难

归春河上好风光（卢伊琳　摄）

滩河，在靖西市岳圩镇大兴村斗伦隘 784 号界碑处流入越南境内后称归春河。

黑水河上游的跨国大瀑布

归春，是归顺的转音，因靖西古为归顺州，故名。归春河在越南境内迂回 35 千米之后，再次折回我国广西大新县境内。归春河的湍流穿过丛林，在德天村突遇断崖，积蓄许久的力量开始爆发，水柱喷泻，跌落而下。每当丰水期，70 多米的瀑布从高空直落，气势磅礴，宛如银河天降。瀑水落入深潭，响若巨雷，回荡山间。

每年 12 月至翌年 5 月为德天瀑布枯水期，虽无水量丰沛时气势磅礴的壮观场景，但瀑布落差仍分成五级。一般来说，分级越多，则地质、构造越复杂，从中可看到褶皱、断裂、岩性、气候环境等地质与自然现象，由此形成层层叠叠的景致也更加壮观。瀑布逐级跌落，如白练翻滚，又像梯田一样层层重叠，叠向幽深的山谷。德天瀑布的落水处形成了一个小型湖泊，仍属中越界河归春河。游者可坐竹筏，于湖面遥看瀑布喷雪奔雷，腾空震荡。

2023 年 9 月，中越德天（板约）瀑布跨境旅游合作区开始试运营，游客可实现跨国旅游。

归春河由德天瀑布跌落，继续流淌，在硕龙村稔底屯形成宽约 60 米、总落差约 20 米的七级瀑布。从德天村至稔底屯这一段河流约 19 千米，归春河在此纳入下雷河（古称逻水），始称黑水河。

　　下雷河源出天等县界，属黑水河支流，主要由地下暗河汇流而成，全长约 67 千米，多年平均流量 19 米³/秒，自然落差 870 米，水能理论蕴藏量 1.02 万千瓦。

　　朋怀水库位于下雷河上游，在百色市靖西市同德乡朋怀村附近，于 1958 年 8 月动工兴建，翌年竣工。朋怀水库最大坝高 19.3 米，总库容 1101 万立方米，正常蓄水位在 745 米左右，有效灌溉面积约 1 万亩。

德天跨国大瀑布（梁集祥　摄）

跨国漕渡：南方的"红旗渠"

　　广西有 8 个县（市）与越南接壤，陆地边境线长 696 千米。历史上，归春河两岸的中越边民之间往来密切，亲如一家，有首顺口溜这样说："同打一山柴，共饮一江水，有如亲兄弟。"

　　在大新县归春河流向的右边，为越南高平省下琅县名龙村；河水流向的左边，是中国大新县硕龙镇隘江村。1989 年版《大新县志》记载："据不完全统计，本县边民与越南边民有亲戚关系的就有 91 个村屯 751 家。过去每逢节假日，两国边民都互相来往探亲。"有时，归春河进入枯水期，河水很浅，中越边民直接卷起裤脚，蹚水而过。20 世纪 50 年代，为了解决两国边民饮水和灌溉的难题，广西大新县与越南下琅县地方政府协商，由两国边民出人出力，共修一条归春水渠（已改名为跃进水渠），引水灌溉。两国边民闻之，无不欢欣。

　　归春水渠于 1959 年建成通水。该工程全长 87 千米，其中 12.5 千米在越南境内。施工期间，最多时我国派工 1.5 万人次，越南派工 1500 人次；劈山 5 座，挖土岭 30 座，凿隧洞 2 个，搬运土石 310 多万立方米。归春水渠工程中，跃进渡槽最为壮观，施工难度最大，槽高 42.5 米，长 170 米，宽 2.7 米。水渠既成，饮水问题便得以解决，其中越南解决水田灌溉 0.3 万亩，大新县解决水田灌溉 7.2 万亩。

　　这是在特殊年代完成的一项国际水利工程，被誉为"南疆红旗渠"。为庆祝归春水渠竣工，中越边民 3000 多人，在大新县硕龙镇举行庆功大会，热闹了 3 天方散。

如墨如黛：黑水河畔的湿地

　　广西大新黑水河国家湿地公园（简称"黑水河湿地公园"）位于大新县雷平、恩城、那岭等3个乡镇境内，河长38千米，核心区在安平村，于2019年通过验收，正式成为国家湿地公园。这里拥有中国南部喀斯特山区最原始、最优美的湿地之一。黑水河湿地具有浓郁的南国田园风情，大约20千米长的河段树木葱茏，屋舍掩映。河边两岸峰丛峰林耸立，河水倒映，如墨如黛，故名黑水河。

　　黑水河湿地公园建成之前，这里的自然生态一度存在各种问题，比如农村生活污水直排、鸟类栖息地丧失、水土流失等。黑水河湿地公园建成后，退耕还湿、修复重建沿岸的生物多样性、再现十里河岸竹影如黛的美景，成为公园建设的主要任务。

　　贯压岛上，原有34亩土地被当地新立村下山屯村民用来种玉米。后经协商，2021年初，村民同意以出租土地的方式，把玉米地租给黑水河湿地公园植树种草。

群山环绕的黑水河（陈镜宇　摄）

黑水河风景（陈镜宇　摄）

仅仅用了一年多时间，少了人类干预的黑水河湿地草木疯长，植被茂盛，主要有蒲苇、芦苇、紫叶狼尾草、风车草、梭鱼草、串钱柳、水杉、水翁等，已成为数千只鹭鸟的栖息地。

截至 2022 年 4 月，黑水河湿地公园有维管束植物 131 科 414 属 554 种，脊椎动物 31 目 90 科 311 种，其中石山苏铁、蚬木、任豆、凤头蜂鹰、褐翅鸦鹃等为广西或国家重点保护动植物。

多级跌水：黑水河灌区

黑水河从大新县硕龙村稔底屯始，河水东流，至龙州县响水镇绵江村百念屯汇入左江。此段全长约 90 千米，河床落差 86 米，水能蕴藏量 7.68 万千瓦。

黑水河道坡陡水急，沿河有较为集中的多级跌水，水利资源较为丰富。然而黑水河上的中军潭、那岸等数座水电站皆为 20 世纪 60 年代修建，规模小、设备陈旧，与日益发展的新时代需求严重不符。

为了科学、合理利用黑水河水利资源，2022 年初，广西左江治旱黑水河现代化灌区工程列入国家发展和改革委员会、水利部印发的《"十四五"水安全保障规划》。该工程由 6 个灌片组成，包括跃进灌片、雷平灌片、新和灌片、左州灌片、驮卢灌片和新安灌片，规划灌区面积 87.5 万亩，总投资 85.34 亿元。该工程建成后，有望解决崇左市江州区、大新县、龙州县和扶绥县的工程性缺水等问题。

左江：一条来自东盟的河流

　　左江，古代称斤南水、斤员水。因与右江一左一右汇合成邕江，左江位于左侧，故名。左江发源于越南与广西交界的枯隆山。上游源自西南方向，在越南境内称奇穷河（又名黎溪），于凭祥市平而关进入中国境内后称平而河。流至龙州县，有自西北方向来的支流水口河汇入，始称左江。水口河发源于那坡县平孟镇，流经越南后在龙州县水口镇重新入境，在越南境内叫平江河。

　　平而河，左江支流，位于龙州西南方向，源自越南银山，往南流经安禄、七溪，进入中国境后向东南流至龙州县西，与水口河汇流；从越南源头至龙州县与水口河汇合处，全长约 240 千米，中国境内长约 56 千米。

　　左江东流，至龙州县上金乡，有支流明江汇入，龙州至上金段又称丽江；流经驮怀村与崇左交界处，有支流黑水河汇入；流经崇左与扶绥县城，到扶绥县新宁镇充禾屯，有支流汪庄河汇入；流经南宁市江南区至宋村三江口，与右江汇流后称邕江。左江干流全长 539 千米。

　　左汇流经桂西南峰林—槽谷、孤峰—溶蚀平原区，河道曲折，水浅滩多；干流及支流奇峰夹岸，峰回水转，两岸木棉擎天。中国第一个岩画类世界文化遗产——花山岩画就位于其支流明江东岸。

左江铜鼓湾风光让人惊叹（吕秀英　摄）

　　左江流域建有几十座水库及水电站，主要有金龙水库、客兰水库、派关水库、那标水库、新安水库等。

　　左江流域生态之美令人惊叹，尤其是广西弄岗国家级自然保护区。这里重峦叠嶂，四周群山环绕，被当地人称为九重山，是白头叶猴的故乡。白头叶猴，被称为喀斯特精灵，其毛色以黑色为主。但与黑叶猴不同的是，它的头部高耸着一撮直立的白毛，如同戴着一顶尖顶的白色狐皮小帽。白头叶猴是国家一级重点保护野生动物，也是我国特有的珍贵濒危动物。1991 年调查时只发现 166 只，经过 30 多年的保护，截至 2023 年 4 月，广西白头叶猴种群总量超 1400 只。

弄岗国家级自然保护区里的喀斯特石山和白头叶猴（引自潘文石《白头叶猴》）

水口河风情

　　水口河，一条具有神秘色彩的国际河流，其宽度只有四五十米。水口河发源于百色市那坡县平孟镇孟达村，流向东南出国境，经越南高谅省的朔江等县，再次流入中国境内，经龙州县水口镇、下冻镇至龙州镇，与西南而来的平而河相聚于洗马滩，形成丽江。

　　平而河也是国际河流，在凭祥境内长约 20 千米。中华人民共和国成立前就有货船航行，上通越南谅山省长定县七溪镇，下达龙州、南宁，直到龙州段建成先锋水坝方才中断。

　　丽江在龙州县城平而河、水口河交汇处形成一大奇观，当地人称之为鸳鸯丽水。水口河水碧绿如黛，平而河水浑浊不清，因水口河与平而河合流后清浊分明，宛如并肩鸳鸯，故丽江又名鸳鸯江。

　　水口河在那坡境内河段长约 10 千米；在越南境内河段长约 123 千米，称平江；在龙州境内河段长 50 多千米。水口河流经区域地势由西北向东南倾斜，河床蜿蜒曲折，流水湍急；河床切割较深，岸坡陡直，原生基岩多裸露，两岸有平坦的台地和起伏的丘陵，有水口、七里滩、小连城等梯级电站。

　　1885 年中法战争结束后，龙州依托中越边境的区位优势，经济发展迅速，呈现出一片繁华景象。这一切，都与广西提督苏元春有关。

　　苏元春是一位功勋卓著的将领，曾与老将冯子材一起取得震惊中外的镇南关大捷。苏元春经营边关近20 年，励精图治，在边关进行了规模宏大的国防建设。

此外，他积极开发边疆。中法战争之后，边关贸易一片萧条。为活跃龙州经济，苏元春开辟了 20 多处集市，当地人称为"圩市"。一开始，并没有多少人来赶圩，苏元春就想出了一个"赶圩有赏"的办法：凡赶圩者，都可以免费吃一碗米粉；不吃者，可得到几枚赏钱。

苏元春"赶圩有赏"的办法立竿见影，各地的圩市很快旺盛起来，其中就有水口圩。当年因战争而地荒废无人居的水口圩，发展不到几年，已烟户相望，商贾活跃，成为西南边关重镇。

水口河地处北回归线以南，河道在崇山峻岭之间迂回，两岸植被繁茂。水口河虽是一条国际河流，但河面狭窄，中越两国百姓隔江便能相望。对岸是越南高平省复和县驮隆口岸，无论是圩日还是节假日，对岸的越南村民都会过河来赶圩或打零工。根据海关总署 2010 年修订的《边民互市贸易管理办法》，边民能享受每人每天交易 8000 元以内货物免关税和环节税的政策，这使得水口镇边贸十分红火。

如今的水口镇，被水口河分为东西两部分，当地人分别称为新街和老街。

上金古镇

左江之美，全在丽江、明江，江水清澈透亮，波光粼粼，充满乡野气息。著名地理学家徐霞客对左江之美给予极高评价："不特石山最胜，而石岸尤奇。"他赞美左江岸石之奇，胜过阳朔，疏密宛转与三峡在伯仲之间。

　　上金乡位于左江南岸。以前从龙州入上金，须经弄庙村码头，渡左江，方能进入上金乡。如今明江上紫霞大桥早已通车，从龙州去上金方便多了。这个小镇因邻近左江，故街头多开设有河鲜馆。

　　上金原有新旧两街，新街在上金村，旧街位于中山村。旧街全长约 180 米，两侧房屋十分陈旧，不足百间，皆为民国建筑，居民皆为壮族。站在街道中部，可见街道两头窄、中间宽，像机梭，像鲤鱼，更像船；又因当地人多为渔民，故多称此街为鲤鱼街。

　　既为船形，街道便有了弧度。临街房子因受街道弧度影响，有的房屋前进窄、后进宽，完全不规整。街的"船头"面朝左江，江边立一砖砌牌坊，高、宽均约 4 米；牌坊中间有一门洞，方便渔民进出。牌坊设计如龙门，进出往返，有鲤鱼跳龙门之寓意。

上金古镇俯瞰图（刘绵宁　摄）

鲤鱼街曾经叫窑头圩，一直是左江流域瓷器集散地，因各地生产的碗、碟、缸盆等在此分散到各乡镇与邻县，故名。同时，由南宁水运至左江的食盐亦以窑头圩为中转站，乘小舟溯明江、丽江而上，分销各地，故窑头圩又曾是当年著名的盐埠。后因交通不便，窑头圩开通公路，当地人就在三江口东岸另辟市场，建成今上金村新街，窑头圩因此逐渐没落。

时来运转。明江之畔的花山岩画成为世界文化遗产，上金古镇开始从沉睡中苏醒。上金地处三江口，水面广阔，一年一度的上金龙舟大赛，就在这片水域举行。

随着"铛"的一声锣响，只见数条龙舟如箭离弦，一时间左江之上群龙戏水，锣鼓喧天。左江两岸，密密的竹林间草地上，站着数万名摇旗呐喊的观众，他们的欢呼声与呐喊声像奔流的左江水，一浪高过一浪。在场的人群，无论是比赛的龙舟队员，还是为之呐喊助威的观众，脸上都洋溢着笑容。

左江悠悠，世道平阔。再寻常的日子，也都有着对美好生活的热忱与期待。

邕江：十里江岸系客舟

　　南宁是一座千年古城，邕江是南宁的母亲河。很多人对邕江比较陌生，对于邕江、郁江、西江的关系也分不清。西江是一个规模庞大的树状水系，支流众多，流域面广。郁江是西江最大的支流，郁江上游由左江和右江构成。左江、右江在南宁市江南区江西镇同江村合流。同江村三江坡，又名大果湾、三江口，位于南宁西郊，因村中人多姓宋而被称为宋村，如《徐霞客游记》所载的宋村。郁江始于此，一江春水向东流，经南宁市、横州市、贵港市，在桂平市东郊汇入黔江后称浔江。

　　邕江是郁江流经南宁市河段的别称。据古志所载，邕江始于宋村三江口，向东流至邕宁区蒲庙镇，止于与八尺江汇合处，全长约 95 千米。随着南宁城市规模不断扩大，原有的"邕江"定义已无法适应现代城市发展需要，故对邕江起止地点作出延伸，即始于宋村三江口，止于六景镇大湾处，全长约 133 千米。

　　那么，邕江又是如何得名的呢？

　　东晋大兴元年（318 年），从郁林郡分出晋兴郡，同时置晋兴县（今南宁），郡治在晋兴县城。此为南宁有建制之始。唐武德四年（621 年），设南晋州。贞观六年（632 年），改南晋州为邕州，这是邕州得名之始，亦是南宁的简称"邕"之由来。从此,"邕"字与南宁结下不解之缘,绕城而过的这段水域被称为邕水、邕江,城里流向邕江的一条溪流称邕溪(今南湖前身),而邕州治所则称邕城。

邕江之上,在 1949 年以前从未有过固定的跨江桥

梁，两岸百姓日常往来主要靠舟楫摆渡，因此邕江两岸拥有众多渡口。民国时，有记载的渡口有 80 多个。南宁大多数古渡随着时间的推移湮没于历史中，但有个亭子古渡，却为人人熟知。坊间流传着"先有亭子渡，后

左江、右江、邕江三江交汇处（卢伊琳　摄）

有南宁城"的说法。明末,徐霞客曾在亭子渡口停泊,并在船上住了一夜。他在日记中写道:"又西三里,泊于亭子渡。二十三日,昧爽行,五里,抵南宁之西南城下。"

亭子圩因亭子渡的繁荣而出现。《南宁市郊区志》记载:"亭子圩,江南岸渡口,宋皇祐五年(1053年)建。"千百年来,邕江与大海之间有一条便捷的通道,即邕州古盐道。钦州的优质海盐沿茅岭江运送至长滩镇,由马队、挑夫分装后继续北上,翻过雷公岩,经百济镇到达邕江边的亭子圩,再经由亭子码头分销至邕江流域的市镇。

八尺江,发源于上思县那琴乡那俩村那布屯,向东北流,经那琴乡和南宁市邕宁区那陈镇、那马镇,至蒲庙镇汇入邕江;流域面积2298平方千米,干流全长141千米。

自1964年邕江大桥建成通车以来,邕江之上现代化的大桥凌空飞架,总数已超过20座。邕江两岸的日常生活已融为一体,昔日邕江渡口的忙碌从此一去不复返。

邕江南宁市区段的夏日美丽风景（谭凯兴　摄）

万杆桅樯数不清

邕江是整个西江流域的重要航道之一。通过左江、右江，可直通云南、贵州，以及中越边境地区；向东沿郁江、浔江东下，可通梧州、广州。1921 年，广西省会由桂林迁往南宁，南宁逐渐成为广西政治、经济、文化、交通的中心。

清末至民国时期，因轮机动力不足等原因，轮船无法直通郁江上下，往来于各地的乘客、货物只能在南宁换船中转，南宁也因此成为繁忙的商品集散地。南宁船只多从民生码头出发，当时开辟的邕江主航线有邕梧航线（南宁至梧州）、邕百航线（南宁至百色）、邕龙航线（南宁至龙州）等。

邕梧航线是西江运输的主要干线，轮船可直达并往返南宁与梧州。从梧州出发，溯江去南宁，水路全程约540 千米，一般耗时 4～5 天。若从南宁去梧州，顺流而下，一般需耗时 2～3 天。梧州是西江航运枢纽，水陆交通四通八达，西至南宁，东至广州、香港，溯桂江可至桂林；沿郁江至桂平，再转溯黔江、柳江可至柳州；经藤县入北流河、接驳南流江可进入北部湾。

邕百航线，溯右江而上，经隆安、平果、田东、田阳等地可至百色，水路全程 370 千米，需 4～5 天可达。南宁的食盐、日用杂货、粮食等货物，经此航线运抵百色后再转运云南、贵州各地。云南的铜、硝药、土特产由大理等地陆运至剥隘镇，用重 1～2 吨的小船经剥隘河运至百色，再换大船顺右江运至南宁集散；贵州的桐油、矿石、山货由安顺、兴义等地陆运至百色，再顺右江运至南宁集散。乘木帆船往返南宁与百色，需30～34天；清末英商经营的电船航行邕百线，往返需13～14天。

邕龙航线，在南宁民生码头始发，溯左江上驶，经过今扶绥、崇左等地区，直达龙州粤东会馆码头，水路全程315千米。上水航行时，一般耗时4～5天可达。

此外，由北海进口的各类洋货，大都由拖船运抵钦州的小董镇或沙井港，然后改由陆路运往南宁，再从邕江水路分销各地，远至云南、贵州等地。清末，每年由北海运抵南宁中转销往内地的货物，估值约二三百万银圆。南宁因成为广西中部重要的转运港而繁盛一时，邕江之上也是帆樯凑集，船只稠密，往来如织。

清代宁明县的壮族诗人黄体元，目睹邕江之上货船似江面排鳞、万杆桅樯数不清的情景，忍不住赋诗赞道："大船尾接小船头，北调南腔话不休。"

治水邕江

历史上邕江有过众多的支流，几经变迁，很多支流或湮没、或改道、或修整、或填平，但至今仍有大量的支流，主要有龙潭河、马巢河、凤凰江、亭子冲、良凤江、水塘江、八尺江、青龙江、可利江、心圩江、朝阳溪、竹排冲、沙江、沱江等。

每年5—8月，受南太平洋台风边缘波及，广西会出现强降雨天气，有时会引起邕江及其上游左江、右江同时洪水暴涨，再加上邕江两岸地势平坦，大部分地

心圩江落日（卢伊琳 摄）

面高程都在 72 ～ 76 米，故洪水频发。明崇祯六年（1633 年），邕江大水，南宁被淹，城内水深丈余，"登城一望如海，近河民舍，尽为漂荡"。1927 年，因上游山洪暴发，邕江水位猛涨，高达 79.99 米，南宁市区及其周边数十里顿成泽国，损失惨重。

千百年来南宁人从未放弃过对邕江的整治。早在唐代，邕江泛滥，淹没州城。时任邕州司马吕仁率地方民众在城南治理邕溪，开渠分洪，形成一座湖泊，这就是今日的南湖。1972 年，南宁市区开始修建邕江防洪大堤；至 2017 年，邕江南宁市区段防洪标准从 50 年一遇提高到 200 年一遇。

2018 年 10 月 14 日，经过 3 年多的建设，南宁市仙葫开发区牛湾半岛处，气势恢宏的邕宁水利枢纽，正式开始下闸蓄水。邕宁水利枢纽工程包括修建拦河坝、船闸、发电厂房、库区防护工程、鱼道及相应配套设施等，水库正常蓄水位为 67 米，船闸通航标准为 2000 吨级。该工程的建成，对有效调控邕江水位，打造西江黄金水道和百里秀美邕江，都具有划时代的意义。

邕宁水利枢纽（蒙森　摄）

郁江：两岸皆为鱼米之乡

郁江，发源于云南省广南县，全长 1152 千米，是西江最大的支流。

郁江上游称驮娘江，流至广西田林县后转入云南，流经剥隘圩后称剥隘河；至百色市，纳入澄碧河后称右江；流至南宁市江南区江西镇宋村后纳入左江；左江、右江在宋村汇流，从宋村三江口始，至桂平市的黔江口三角嘴，此河段称郁江。郁江在三角嘴处汇入黔江，始称浔江。郁江在桂平市境内河段，俗称南江。

"郁"之名的由来，最常见的解释，可见北魏著名的地理学家郦道元巨著《水经注》书中记载，郁水流域生长着一种香气浓郁的"郁香草"，当地人将郁香草与黑黍一同酿造成一种"郁鬯酒"，进贡给朝廷，因之当地被命名为郁林郡。

郁江弯弯曲曲，河底地形十分复杂，河道上的各种暗礁、石梁、险滩等犬牙交错。在古代，由于技术原因，无法从根本上清除这些危险，导致在江上航行上险象环生。为了保障郁江航道的航行安全，1956 年，当时的珠江航运管理局航道工程处对郁江河段进行了炸滩清理。因当时缺乏施工机械设备，故以人工打眼爆破的土办法，对坚硬的花岗岩礁石实施爆破。清理完成之后，郁江弯道得以扩宽，流态有所改变，航行条件得到很大改善。

但是，郁江上最大、最险的"滩王"——"伏波大滩"仍在。此滩位于西津水电站下游，长 7 千米，为石质险滩，枯水总落差 2.57 米；滩上礁石星罗棋布，航道弯曲有争流、横流、泡水、漩涡等，航行条件十分恶劣。这是郁江千里航道上的"鬼门关"，往来船家每经此滩，无不胆战心惊，将其视为畏途。

滩头岸边建有伏波庙，船家到了滩头，需做两件事：一是向伏波庙鸣鞭炮和烧香，祈求伏波将军显灵保佑；二是雇请当地滩师掌舵。滩师者，从小在郁江摸爬滚打，祖辈皆居于此，对本地险滩十分熟悉，由他们引航过滩，可避免船只与暗礁碰撞。

1944 年 12 月，横县（今横州市）人民在伏波滩与日本侵略者展开了一场激烈的战斗，经过 4 个昼夜的激战，总计击毙击伤日军近 100 人，这场战斗也被称为"镇江之战"。

1998 年，贵港航运枢纽建成，当年的"滩王"沉没于水下。通航船舶由 100 吨级提高到了 1000 吨级，但这样的航道仍不能满足日益发展的时代需求。2011 年，广西全力打造西江黄金水道，应用更为先进的炸滩技术，共清除礁石 100 万立方米。

郁江航道，从通航 100 吨级到通航 1000 吨级，用了 50 多年；从 1000 吨级到 2000 吨级，仅用了 10 多年。2022 年 12 月 30 日，西江航运干线贵港至梧州 3000 吨级航道全线开通，成为广西内河最高等级航道。

郁江两岸多为平原及丘陵（朱其芳　摄）

浔郁平原，鱼米之乡

浔江平原分布于桂平市至平南县武林镇的浔江两岸。平原的西面和北面低山环绕，南面和东面则有丘陵分布，略成一个盆地地势。平原地表坦荡，浔江迂回其间，又处于郁江和黔江交汇处，南北两岸还有许多河流汇入，河道密布，纵横交错，河曲发育，积水湖塘星罗棋布。

浔江平原为广阔冲积平原，上有南木、寻旺、社坡、木圭、金田、江口、石咀、马皮、木乐等乡镇。浔江平原地势平坦，海拔为 28～40 米。浔江贯穿其间，南北两岸支流和灌渠纵横交错，水源充足。

在桂平市浔江东岸与平南县浔江西南岸之间，地势低平，易旱易涝。民国《桂平县志》这样记载："旱造将登，洪波忽至，半岁辛勤，尽付流湍。或十日不雨，则龟裂满郊，七、八月之间，苗益槁矣。故三年之耕，恒不足供两年之食；甚或一年之耕，不能酬一春之种。"这种民不聊生的状况，在中华人民共和国成立后得到了根本改善。地方政府兴建排洪渠、防洪闸，排除内涝，并修建水库、电灌站，蓄水、提水灌溉。旱涝问题解决后，这片土地焕然一新，成为桂中粮仓。

郁江平原分布于贵港境内的郁江两岸。此地平原与丘陵交错分布，地势稍有起伏，偶见喀斯特残丘孤峰平地突起，但总体上仍属平原地貌。郁江平原底部由石灰岩构成，上面为冲积层所覆盖，石龙、西山、白沙、蒙圩等乡镇所在处地势平坦，海拔在 50～60 米之间，低于 40 米以下者亦有之。

　　浔江平原与西南部的郁江平原连成一片，俗称浔郁平原。这是广西连片面积最大的冲积平原，也是广西中部最大的农业区，自古就是鱼米之乡。

　　贵港市港南区是郁江平原重要的优质稻米生产基地。当地的东津细米为油粘稻品种，全年分为两季稻，早稻于 7 月中下旬成熟，晚稻则于 11 月上旬成熟。东津细米两头尖细，米粒细长；中部均匀滚圆，晶莹如玉；手感温润爽滑，捧米在手，能闻到米香味。煮成饭后，米粒柔软，丝甜清香，属米中上品。

　　整个港南区自古就盛产优质细米。旧时陆路交通很不发达，而东津镇的区位条件得天独厚，在郁江南岸有一个码头，邻近的乡镇都将货物送到东津镇集市交易，尤其是优质稻米在东津的交易十分活跃，甚至远销粤港澳地区，东津细米由此成名。

　　东津细米受欢迎到了什么程度？清道光年间，广东客商为方便在东津镇收购大米，与东津米商合资，在江边建造了一个 120 吨级码头。民国年间，当地有首民谣流传甚广："贵县大辘藕，东津好细米，龙山好妹子，桥圩好契弟。"这首民谣说的是贵港西、东、北、南四个方位的物产风土，藕以覃塘为最，东津有细米，这两样物产，是贵港的名片。

　　东津细米多到什么程度？日本东亚同文会编纂的《中国省别全志》记载："贵县有不少稻米运到梧州出口。"清代至民国年间，东津镇上有 10 多间米铺，每圩都有近千吨细米在东津码头装运上船。

　　2015 年，"东津细米"成为国家地理标志保护产品。整个港南区有 8000 多户农民从事东津细米的种植与加工产业，年产销量达到 20 多万吨，东津已成为广西重要的粮仓。

西津国家湿地公园

西津水力发电厂于 1958 年 10 月动工兴建，1979 年 7 月 1 日第四号机组投入运营。

西津水力发电厂位于郁江干流中游。郁江流域气候温和，雨水丰沛。电厂地处横州市上游 5 千米的西津村。从西津上航可直达南宁，下航可直达贵港、桂平、梧州、广州。

西津水力发电厂是一座低水头、径流式水电厂，以发电为主，兼有航运、防洪、灌溉等综合效益。拦河坝共长 833.4 米，最大坝高 41 米，其中溢流坝位于厂房右侧河床，坝体为混凝土宽缝重力坝，溢流坝段长 238 米。

西津水力发电厂设计装机容量为 23.44 万千瓦，调节库容 6 亿立方米（后改为调节库容 4.4 亿立方米）。西津水力发电厂的投产，为广西的电力建设和电网的发展扩大打下了基础，成功扭转了南宁、柳州两地用电紧缺的局面。

人称"郁江第一关"的西津水利枢纽一线船闸，建成于 20 世纪 60 年代，实际可通行 1000 吨级船舶，早已不能满足通航需求。2022 年 12 月 15 日，随着平陆运河的兴建，作为运河的配套工程，西津水利枢纽二线船闸正式通航，标志着西江航运干线实现 3000 吨级船

闸和双线船闸全面贯通，有效解决了西江航运干线的碍航瓶颈问题。

西津水力发电厂建成以后，上游形成了一个巨大的水库——西津湖，因拥有较大面积的水草丰盛浅水区而形成了独特的湿地生态环境。

西津湿地位于横州市郁江河段西津水库米埠坑库区，是华南地区面积最大的人工湿地之一。泛舟西津湖上，放眼望去，湖面烟波浩渺，大小岛屿星罗棋布，

西津水电站（王梦祥　摄）

成片的芦苇在风中起伏，可谓河阔水长，植被茂密，湖水丰盈。傍晚时分，各种鸟儿时而高空盘旋，时而水面起舞，构成一幅"落霞与孤鹜齐飞，秋水共长天一色"的美景。

西津湿地位于国际重要的候鸟迁移通道上，是沿太平洋西海岸迁飞候鸟的重要中途停歇地和越冬地。这是因为西津水库的许多库湾、库汊形态自然，水面宽阔，水草丰盛。独特的湿地生态系统，孕育了丰富的生物多样性，故能吸引大量迁徙候鸟到此停歇和越冬。

为给各类鸟儿打造更好的栖息地，横州市坚持全面保护原则，在西津国家湿地公园布设人工鸟巢 400 个，种植多样性植被 50 公顷、湿地植物芦苇 7 公顷，并在内环湖水岸种植乔木防护林 3670 株、花叶芦竹 4 万株、荷花 1700 株、再力花 1.8 万株、菖蒲 1 万株。

西津湿地有大大小小 30 多个岛，在这里可以经常看到凤头潜鸭、黄脚银鸥、黑翅长脚鹬等珍稀鸟类。西津国家湿地公园现有鸟类 248 种，留鸟有 153 种之多。在一些灌木丛和滩涂上，能看到白鹭、苍鹭、池鹭，它们适应了本地的生存环境，从候鸟变成了留鸟。

2017 年 12 月，西津湿地顺利通过国家林业局验收，升格为国家级湿地公园，其中湿地面积约 1.62 平方千米。

截至 2022 年 12 月，西津国家湿地公园有维管束植物 442 种，脊椎动物 353 种；国家重点保护野生动物 33 种，其中国家一级重点保护野生动物 4 种，国家二级重点保护野生动物 29 种；另有国家二级重点保护野生植物 2 种。

　　西津国家湿地公园被誉为"郁江之肾"，具有保持水源、净化水质、抗旱防洪、维持生物多样性等重要的环境调节功能和生态效能。2020 年，西津国家湿地公园被列入第一批自治区重要湿地名录，其生态效益、社会效益、经济效益日益凸显。

北流河：粤桂通衢古铜州

　　北流河，属西江干流浔江段支流，发源地在云开大山南部、广西北流市平政镇上梯村与沙垌镇交界处的双孖峰东麓。因其南流至岭垌村转向西流，至双头村后向北流，故称北流河。此河中游以上称为圭江；纳入六麻河、新丰河，经过铜石岭，纳入民乐河，进入容县后称

北流河龙安村段（崔强　摄）

绣江；在容县自良镇纳入道知河后称北流河；在藤县角咀码头汇入浔江。

北流河全长 259 千米，集水面积 9454 平方千米，自然落差 185 米，水能理论蕴藏量 10.83 万千瓦。北流河水系发达，支流众多，主要有杨梅河、泗罗河、义昌江、黄华江等。

北流河两岸地势开阔，是理想的天然航道。在陆路运输困难的年代，玉林五属（玉林、北流、陆川、博白、兴业五地的总称）的客运、货运，基本依赖于北流河。那时行船，大帆船可溯北流河至隆盛镇，小帆船可溯北流河至新丰镇的石碗嘴村。石碗嘴村位于北流河的上游，村码头主要中转竹、木等农林产品。

北流市南部与广东高州、化州、信宜等地接壤。圭江是北流城的母亲河，绕北流而过，乘舟楫可直达梧州、广州。过去交通阻塞，玉林五属及广东高州、化州、廉州（今属广西）等各地货物，如北流特产大米、花生油、大头菜、咸萝卜干、烟叶、茶叶、水果、土纸、夏布、陶瓷器皿、铁锅、木材、竹制品等商品，源源不断在北流装运上船，顺流而下到达梧州乃至广东各地。其中，黑叶荔枝干、桂圆肉、鸭塘鱼、四大名茶（上岑茶、白塘茶、窖山茶、冻水茶）、平政土纸、六地坡咸菜、塘岸棉梨、蟠龙瓷器、三官口铁锅等饮誉港澳，远销国外，就连南洋兄弟烟草公司也曾到北流采购烟叶。同样，本地所需的日用品和工业品，亦从广州、梧州逆水而上，船运至北流，再转销玉林五属及广东高州等地。北流商业因此十分繁荣，在当时有"小佛山"和"金北流"之称。

随着北流河水运的发展，沿岸出现了许多商业重镇，主要有北流镇、民安镇、松花镇、塘岸镇、清水口镇、隆盛镇、新丰镇、平政镇等。如今，在这些圩镇里仍能看到许多古老的骑楼和陈旧的商铺，还有北流河边古老的码头，这一切都在无声地诉说着北流河曾经的繁盛。

铜石岭的铜鼓与岭峒窑的青白瓷

北流有铜矿，自古产铜。在北流市东南部铜石岭下，伫立着赵佗统率大军开疆拓土的铜像。作为最早开发此地的中原人之一，赵佗在这里发现了铜矿，并带来了中原先进的铜鼓铸造技术。唐武德四年（621年）置铜州，治所在今北流市。

铜石岭，又称铜石山，位于北流市民安镇上良村圭江东岸，距北流市区约10千米处，最高峰凤凰顶海拔421.9米。铜石岭阴阳山有着独特的喀斯特地貌与丹霞地貌共生的自然奇观。

铜石岭有汉代冶铜和铸造铜鼓遗址。冶铜遗址位于铜石岭西面山坡下，这里不仅发现大量炼炉遗迹与炉渣，还发现了7口古矿井。1977年冬和1978年春，广西文物工作队对遗址进行了两次试掘，共发现炼炉14座，采集到鼓风管、炉渣、铜锭、铜矿石、陶片等遗物。如此庞大的冶铜遗址，很容易让人联想到广西民族博物馆的镇馆之宝——"铜鼓王"。

广西民族博物馆馆藏101号铜鼓，鼓面直径165厘米，用铜设铸，此鼓厚重坚实，虽还有部分未完整浇铸，但残重已达299千克。此云雷纹大铜鼓是广西已发现的最大的铜鼓，也是世界上最大的古代铜鼓，被誉为铜鼓王。关于铜鼓王的由来，广西民族博物馆档案上的记载十分简单："原存北流县六靖乡水埇庵，1955 年征集。"除此之外，关于铜鼓王的所有信息皆为谜。后来，有人查到，清乾隆十三年《北流县志》曾记载有一个面径"二丈二余"的大铜鼓，它会不会就是广西民族博物馆馆藏101 号铜鼓？显然不是。清代 1 丈相当于 3.2 米，故"二丈二余"与"鼓面直径 165 厘米"相去甚远。

在北流河沿岸，大量铜鼓陆续出土，有 100 多个铜鼓被确定为北流型铜鼓。它们的共同特点是体形硕大。因为有铜石岭的铜材料和铜加工技术，体形庞大的"铜鼓王"就此诞生。

岭垌村位于北流市平政镇东南方向，是北流河的发源地。在岭垌村周围的山上和地下，遍布着宋、清两代的古瓷窑；拨开丛草，随处可见破碎的瓦砾与陶片遍布圭河岸边。北流河是古代中原通往广西南部及越南的必经之地，北流河流域的人们较早接受了来自黄河、长江流域的先进文化，景德镇的青白瓷技术很快传到了北流。青白釉是一种特殊的釉色，介于青与白之间，青中带白，白中闪青，釉层极薄。精湛的制瓷技术加上附近高州一带的优质高岭土矿，再有北流河便捷的水运，一个关于北流瓷器的传奇就诞生了。

天门关与茂北运河

在平陆运河轰轰烈烈开工之后，茂北运河的构想也被热议。天门关在哪，茂北运河又在哪？

北流河，发源于双孖峰；南流江，源出大容山莲花顶。二水一个往北流，一个往南流，毫无交集，各不相扰。但人们很早就发现，两条河之间有一条陆路捷径——"茂北通道"：商船从浔江进入北流河，溯水而上，到达北流市；上岸后向西行走 15 千米，可到达今玉林东部的茂林镇，这里是南流江上的重要商埠；再从茂林镇上船，顺南流江而下，可直达合浦。

这条 15 千米长的茂北通道，是古代沟通西江水系与北部湾的重要纽带，是通往今钦州、合浦、雷州半岛，以及今越南北部和中部的交通要冲。当年无数商旅、官宦、流徙者等，在茂北通道上摩肩接踵，往返于北流河与南流江。

在这条古道上曾有一个"桂门关"，但它的另一个名字更为大众熟知——鬼门关。《舆地纪胜》中有"本桂门关，讹称鬼门关"的记载，现在看来，"桂门关"成为"鬼门关"大抵与贬谪官员南下多经过此地有关。被后世誉为"万古良相"，在唐代与管仲、商鞅、诸葛亮等齐名的政治家李德裕因政被贬至海南。他行走的路线，就是从浔江入北流河，经茂北通道，从南流江前往海南。遥望南方，山高路远。李德裕远离中原大地已是 62 岁高龄，身居相位，却忽被打压并贬至蛮荒之地，李德裕心情之悲怆可想而知。没想到的是，李德裕活着过了鬼门关，却在海南崖州病故，再也没能回中原。

鬼门关，后来成了南方瘴疠、湿热、自然环境恶劣的代名词。唐宋一批贬官谪臣被流放钦州、廉州、雷州、琼州而经过此关，并写下大量不朽的诗篇，如大诗人苏东坡从惠州贬儋州，往返两过鬼门关，写有《竹枝词》《次韵王郁林》等诗词。鬼门关又因此变成了文化厚重的"魁星关"。明宣德年间，改称天门关，并勒石，至今仍存。

有没有一种可能，把"茂北通道"开挖凿通，成为茂北运河，将北流河与南流江之间的水路打通，那要省去多少换船驳货的折腾啊！其实这个想法早就有人想到了。《明太祖实录》载："洪武二十七年十二月，辛未，广西郁林州民李友松上言：'本州北流、南河二江，其间相去二十余里，乞凿河通舟楫以便行旅。'"明太祖朱元璋同意了开挖"茂北运河"的构想。可惜当时财力不足，只得不了了之。

灵渠：跨越山岭的运河

　　灵渠，位于广西兴安县中部，被誉为世界古代水利建筑明珠，最初建成于秦始皇三十三年（公元前214年），是与都江堰、郑国渠齐名的秦统一中国进程中的三大水利工程之一，也是世界上现存最古老的人工运河之一。汉代称离水，唐代始称灵渠，另有澪渠、零渠、陡河等别称，民国以后又曾称湘桂运河、兴安运河。灵渠沟通湘江和漓江，联系长江与珠江两大水系，成为中国古代连接中原与岭南地区的交通大动脉，在促进秦始皇统一岭南，拓展中国陆地与海洋版图，巩固南部边疆，促进岭南地区政治、经济、文化的发展，促进华夏民族与百越民族的融合，加强古代海上丝绸之路与中国内地的联系，促进中国与东南亚、南亚及地中海各国友好往来等方面，发挥了十分重要的作用。

　　秦始皇在完成中原的统一大业之后，终于有了精力和时间统一岭南的百越各族。秦始皇首先派出军队五十万人，由尉官屠睢（suī）率领，分兵五路浩浩荡荡向岭南（即南岭之南，其中最突出的是由西往东的越城岭、都庞岭、萌渚岭、骑田岭和大庾岭等五岭）挺进。

　　屠睢的兵马进军路线，要想穿过苍莽的南岭，就必须从五岭之间的山谷通过，其中最西边的一路就是从著名的湘桂走廊经过，具体线路是由长江入洞庭湖，顺湘水而下，进入全州、兴安、灵川、桂林。这条湘桂走廊位于越城岭与海洋山之间的狭窄地带，没想到却成了秦军总指挥屠睢的葬身之地。屠睢率十万"楼船之士"到达兴安时，也就进入了湘桂走廊的最高处。当地有句俗语："兴安高万丈，水往两边流。"楼船至此无法继续南行，屠睢只得弃楼船上岸，经湘桂走廊贸然进入岭南。

　　屠睢进入岭南之后，一下子就陷入了战争的泥潭。战争中，由于急火攻心，指挥失当，屠睢被百越人夜袭成功，中箭身亡。秦军用了 3 年时间，除了攻入闽越等地，其他几路军皆受挫败北。秦始皇分析了屠睢南征失败的原因，除了地形不熟、士兵水土不适等，最主要的原因就是粮秣不继，后勤没跟上。公元前 218 年，秦始皇决定调整战术，决定先打通湘桂走廊，"以卒凿渠而通粮道"，并派出监官史禄全权负责。

开渠引水，送船过山

　　史禄和他的团队穿越荒草丛林，考察了湘桂之间的水系分布，最终发现，湘江和漓江虽是两条平行线，但流向却相反：西边的漓江向西南流，东边的湘江向东北流。如果想挖河沟通湘漓，只需找到二水间距离最近处即可。很快，他们找到了这处地方，就在漓江支流始安水与湘江源头的海阳河（今称海洋河）之间，距离仅 1.6 千米。但却有个难题无法解决，那就是二水之间的落差太大。按现今测算，始安水高出海洋河 4 米多。

如此大的落差，若要在此开河，仅凭当时技术无法完成。勘探人员又沿海阳河上溯 2.3 千米，发现了一个小湖泊，当地人称其渼潭，距始安水约 4.2 千米。二水之间距离虽拉长，但海阳河的水位在此有所抬升，仅低始安水 1 米左右；且此地湖面开阔，水流平缓，非常适合拦河筑坝，还可容纳多艘船只来往交会。这个叫渼潭的小湖泊，就是灵渠的渠首——分水塘。

开河地址选定，接下来就是精心设计。第一个难题，就是如何让水往高处。把海洋河的水输送到高其 1 米的始安水，唯一的办法就是筑坝拦水，抬高海洋河的水位。于是，史禄团队在海洋河的渼潭修筑了著名的人字坝，其作用就是拦水、分流，即拦截海洋河的水，抬升水位，然后三七分流，三分水流入南渠，通往漓江，七分水流入北渠，通往湘江。人字坝因能"称水高下，恰如其分"，也被称为小天平坝（长 130 米）、大天平坝（长 344 米）。

在大天平坝、小天平坝接合处，有一条石坝，俗称铧嘴，其状若铧犁，故名。铧嘴全长 171 米，像一把利剑，刺开迎面而来的海洋河水，引导分流，保护大小天平坝。

南渠全长 33 千米，可分两段。第一段从南陡口引水入渠，经飞来石、马氏桥，过兴安县，到大湾陡，长 3 千米。此段俗称秦堤，全是人工劈山开渠，工程艰巨。第二段自大湾陡起，至灵河口汇入漓江。南渠所经之地，皆为喀斯特地貌，峰丛峰林密布，渠道绕山蜿蜒。明代诗人俞安期在《舟过秦渠即景作》写道："秦渠曲曲学三巴，离立千峰插地斜。宛转中间穿水去，孤舟长绕碧莲花。"诗意清远，极言南渠景致之美。

北渠位于湘江故道东侧。因大天平坝挡住了湘江船只的航行，故另挖北渠供其往来。北渠从大天平坝的北陡口起，弯弯曲曲流向田野，经打鱼村、花桥至水泊村，汇入湘江，全长 3.3 千米。由于北渠首尾有落差，为防止水流湍急，冲毁堤岸，北渠河道采取了连续 S 形的设计，迂回蜿蜒，以舒缓急流。

南渠、北渠的入口分别叫南陡门和北陡门，它们看似平常，实则是世上最原始的船闸，被誉为"世界船闸之父""天下第一陡"等，主要用于壅高水位、蓄水通航。陡门之间距离近的约 60 米，远的约 2 千米。在枯水期，船闸的作用就显现出来了。船只每驶过一道陡门，后面的闸板就关闭，迎面而来的水就会把水位抬高，船继续前行，行驶到下一座陡门前如法炮制，让船只逐步升高，送船过山。

历时数年，在无数兵卒、民夫的努力下，灵渠修成。粮道通达，秦军终于取得了胜利。秦统一岭南后，在岭

空中俯瞰灵渠（王梦祥　摄）

南设桂林、南海、象郡三郡，并派兵戍守。至此，一条由湘江、北渠、分水塘、南渠、漓江组成的完整运河已经形成。

直挂锦帆到天涯

灵渠建成之后，沟通了长江与珠江两大水系，一条极其重要的水上大动脉被打通，成为中国古代海上丝绸之路的重要组成部分。长江船只进入洞庭湖，沿湘江南下，经过灵渠，进入漓江，至桂江，汇入西江。接着往西，可从藤县入北流河，接驳南流江，直至合浦入海；往东，直下广州入海。这条水上大动脉在秦代至民国的 2000 多年里，承担了中原腹地和南方边陲人员往来交流的功能，以及军需物资、日用百货、进出口商品等的运输任务。那么，古代的灵渠，究竟是什么样的景象呢？

明崇祯十年（1637 年）农历闰四月二十二日，徐霞客从界首镇抵达兴安古城。他目睹了灵渠的繁忙景象，以及舟过船闸的神奇场面。他在日记中写道："抵兴安南门。出城，西三里，抵三里桥。桥跨灵渠，渠至此细流成涓，石底嶙峋。时巨舫鳞次，以箔阻水，俟水稍厚，则去箔放舟焉。""巨舫鳞次"，只这四字，就像徐霞客拍到的一张照片，一下子把灵渠忙碌的盛景清晰地呈现在我们眼前。

灵渠开通的意义远远超过了初始的军事需求，更多的是促进了南北文化交融与商贸流通繁荣。

随着中原人口一次又一次大规模迁徙南下，岭南原有部落的藩篱被打破。南下的客家人把中原丝绸、漆器、铁器、农具、陶瓷、种子，以及先进的生产技术，通过灵渠带到岭南，极大提高了岭南地区的生产力水平。同时，岭南和海外的象牙、珍珠、龙脑、沉香、豆蔻、丁香、砂仁等名贵物产也经由灵渠进入中原。

中原先进手工业技术的传入，使广西手工业很快发展起来。在宋代，兴安严关瓷业发达，已能大量模仿长沙窑、建窑、钧窑等外地窑口的产品。严关窑紧靠灵渠岸边，最近的窑口也就离岸边几十米，烧出的瓷器，包装一下即可马上通过灵渠往外销售。还有以广西的葛布、竹布、麻布为代表的纺织业等，都已成为当时国内手工业先进水平的代表。

灵渠除了运输，还有灌溉、排洪，以及为漓江补水、为城市供水等重要功能，其灌溉系统至今还在使用。2018年，灵渠入选世界灌溉工程遗产名录。

灵渠（滕彬　摄）

漓江：世界喀斯特最完美的画卷

漓江即桂江上游，亦名漓水。上游六洞河、大溶江流至兴安县溶江镇，纳入灵渠、小溶江后称漓江；继续南流，经灵川、桂林、阳朔，至平乐县北三江口，即漓江、

恭城河、荔浦河汇流处止。漓江溶江镇至平乐三江口段164千米，桂林至阳朔段83千米。

漓江之美，闻名世界。美在哪里？这里先说一个地理名词：喀斯特地貌。

"喀斯特"是个外来词，英文是 Karst，这个词的本义是石头，原指欧洲南部亚得里亚海北岸一座石灰岩高原上的一个地方，在斯洛文尼亚与意大利交界处。19 世纪末，一个叫斯维伊奇（Jovan Cvijic）的学者来到此地，对这里的地貌进行研究，并在 1893 年发表的论文中首次使用"Karst"一词来表述这里的地貌和这种地貌的形

"峰倒碧波盈"的漓江（滕彬 摄）

成过程。从此，"Karst"就成了此地貌类型的名称。发明这个词的斯维伊奇，则被称为"喀斯特之父"。喀斯特地貌又称为岩溶地貌，指的是地表可溶性岩石受水的溶解作用及其伴随的机械作用所形成的各种地貌。桂林山水就是最典型的喀斯特地貌。漓江山水，更是喀斯特地貌的精华。

喀斯特地貌在我国分布相当多，尤其云南、广西、贵州三省（区），简直就是"喀斯特王国"——规模大，面积广，类型多，诸如石芽、溶沟、石林、峰丛、峰林、

漏斗、落水洞、溶蚀洼地、盲谷、暗河、溶洞、石笋、石柱、钟乳石等，无论哪一种类型都发育得很完美。随便说出一个喀斯特地区，如石林（云南）、荔波（贵州）、桂林（广西）、环江（广西）、施秉（贵州）……无论哪一处都是世界顶级的喀斯特。

　　2014 年 6 月 23 日，在卡塔尔首都多哈召开的第 38 届世界遗产大会上，联合国教科文组织世界遗产委员会一致通过"中国南方喀斯特"第二期世界自然遗产项目审议，广西桂林喀斯特和环江喀斯特正式入选《世界

桂林的喀斯特地貌（滕彬　摄）

遗产名录》。这是广西项目首次纳入《世界遗产名录》。

桂林山水最美的风景，主要在分布在桂林到阳朔之间 83 千米的漓江上，这也是世界喀斯特景观的精华所在。人们可从五个不同侧面，领略漓江无与伦比的旷世之美：青黛、春澜、秋水、烟雨、夕照。

桂林的地标——象鼻山（滕彬　摄）

青黛：黛，青黑色的颜料。古代女子用以描眉，故为女子眉毛之代称。漓江山水，互为倒映。韩愈写过一首关于漓江的诗《送桂州严大夫同用南字》，诗云："江作青罗带，山如碧玉簪。"韩愈不愧是如椽大笔，把一个飘逸的南国佳人，描绘在青花瓷上，那山水底色即是青黛。

春澜：今漓江上游解放桥附近曾建有浮桥。每逢春江水涨，市民履桥通行，犹如踏浪。现解放桥上依然人潮涌动。春日里，猫儿山上冰雪消融，桥上的人们看漓江奔流。一年之计在于春，涌动起伏的是心中的春澜。

秋水：娴静、明净、大气。秋水不只是北方才有，地处南方的漓江也有。一江碧水映远山，澄如秋水，清旷无尘。

烟雨：訾洲烟雨，是桂林古八景之一。訾洲位于漓江东岸，与象鼻山相对，是漓江及其支流小东江之间的沙洲，旧时为訾家所居。每逢大水，訾洲在烟雨迷蒙中若隐若现，如海市，又如浮岛，为漓江奇观之一。

夕照：漓江夕照里的山光水影仍是青黛色。每近黄昏时，夕阳斜挂，江面橹声欸乃，波光涟漪。远望烟村云树，都在莽苍霞照里。

1100多年前的一天午后，风和日丽，漓江上飘来一艘客舟。有个年轻人，英姿勃发，立在船头欣赏漓江美景。这位气宇不凡的年轻人，正是晚唐大诗人李商隐。他从桂林顺漓江而下，前往昭州（今平乐县）赴任郡守。他看到官道上居然有老虎嬉戏，驿楼上有猿猴鸣啼，忍不住吟诗一首："桂水春犹早，昭州日正西。虎当官道斗，猿上驿楼啼。"岸边竹林翠绿，掩映着山村人家，李商隐

漓江九马画山景区（王梦祥 摄）

决定上岸走访。

　　船刚靠岸，竹林里走出几个老翁，李商隐问之，皆长寿者。老翁见有客来，十分热情，拿出金黄的橘子招待。李商隐感慨道，昭州也有如此桃源，这等好山好水，真想一醉方休啊。

　　说起漓江山水，就不得不提"桂林山水甲天下"这句妇孺皆知的金牌广告语。但其原作者是谁，在很长一段时间里无人知晓。

1983 年，桂林市文物工作者对独秀峰石刻进行全面调查，在清理读书岩洞口上方的岩壁时，发现一片蓬草下似有石刻痕迹。考古人员轻轻掀开腐殖层，小心地将石壁清洁干净，意外发现壁上有两首诗，其中刻有著名的"桂林山水甲天下"诗句。原来，那腐殖层下掩盖的，竟是被历史尘埃湮没近 800 年之久的名句。而这一名句的作者王正功从此走入人们的视野里。

王正功出生在四明（今浙江宁波）的一个望族家庭。他曾在潮州为官，修过湘子桥。后王正功又以 68 岁高龄来到桂林，任广南西路提点刑狱权静江（今桂林）府事。

1201 年乡试结束。王正功以桂林最高行政长官的身份，在府中宴请 11 位中举的学子。席间，书生们踌躇满志，意气风发。王正功来到桂林，不足两年，治下就出现这么多举人，很是令他欣慰。王正功不由得多喝了几杯，并诗兴大发，挥笔写下七律二首：

其一

百嶂千峰古桂州，向来人物固难俦。

峨冠共应贤能诏，策足谁非道艺流。

经济才猷期远器，纵横礼乐对前旒。

三君八俊俱乡秀，稳步天津最上头。

其二

桂林山水甲天下，玉碧罗青意可参。

士气未饶军气振，文场端似战场酣。

九关虎豹看劲敌，万里鹍鹏仜剧谈。

老眼摩挲顿增爽，诸君端是斗之南。

　　原来，王正功的本意，是借甲天下的桂林山水，勉励学子在学业上百尺竿头，使自己学业与修养要如同桂林山水一般，秀甲天下。有个叫张次良的乡贡进士，将这两首诗刻在独秀峰南麓的读书岩上方。选中此地勒石摹刻，正好与"读书岩"之名相呼应。酒宴结束，王正功也结束了自己的官宦生涯，前往武夷山。一年后，71岁的王正功在武夷山辞世，连同名字一起湮没尘土，而"桂林山水甲天下"的名句却一直流传至今。

桂江：舳舻相望的古航道

　　桂江是西江的主要支流之一，源出兴安县西北部华江瑶族乡猫儿山老山界东南侧。桂江的源头名为六洞河，又名华江。

　　六洞河出猫儿山，在竹海梯田间穿行40多千米，到达兴安县溶江镇司门前村，纳入黄柏江和川江，形成大溶江。至此，六洞河结束了它在猫儿山的崎岖行程，走向一片丰饶的平原谷地。

猫儿山（陈镜宇　摄）

大溶江向南流过兴安县溶江镇，纳入灵渠、小溶江后，始称漓江；继续南流，经灵川、桂林、阳朔，至平乐县北，纳入恭城河、荔浦河后，始称桂江，明清时称府江。故平乐既是漓江终点，也是桂江起点。桂江自平乐以下大致向东南流，经昭平县城北练滩口，纳入思勤江；至马江镇，纳入砂子河；穿过苍梧县境，至梧州市，与浔江汇合后，始称西江。桂江从源头至梧州段全程 438 千米。桂江主要支流有恭城河、荔浦河、富群江、思勤江等。

恭城河，又名茶江、平乐溪、乐水。该河源出湖南江永县都庞岭西南麓，西流至江永县桃川镇段，称龙虎河；又西流至粗石江镇，出湖南，进入恭城瑶族自治县；主河道向西流经恭城，在平乐县北入桂江。从源头至平乐，河道全长 170 千米。

恭城河水量丰沛，沿岸青山隐隐，古榕与翠竹林立。三江汇流处有昭潭，幽深如黛，送舟敱泛，极具烟水之趣。又有水中石山，方正如印，里人谓之印山。山上修竹苍绿，建点翠亭，与碧潭互映，形成"昭山点翠"一景，为平乐古八景之一。

荔浦河，又名荔江，全长 98 千米，源出金秀瑶族自治县大瑶山东南麓，东流至金龙河村附近，入荔浦市境内；主河道又往东南流，经修仁、青山背村、同古山等乡镇，至平乐县洪桥头入桂江。

荔浦荔江国家湿地公园属河流型湿地公园，位于荔浦市荔城、修仁、青山、龙怀 4 个乡镇区域内，以荔江主河道为主体，连接蒲芦河、三河河、满洞河部分河段，构成复合的河流型湿地生态系统。荔浦荔江国家湿地公园西起修仁镇念村蚂蝗坝，东至荔城镇金雷桥，东西长24.7千米，南北跨度11.9千米，总面积695.28公顷，湿地面积391.37公顷，湿地保护率56.3%。

荔浦荔江国家湿地公园地处桂江和广西大瑶山国家级自然保护区，拥有永久性河流、洪泛平原湿地、季节性河流、喀斯特溶洞湿地、稻田5种湿地类型。独特的地理环境，多样的湿地类型，优良的水、土壤、大气资源，孕育了丰富而独特的动植物类型。

荔浦荔江国家湿地公园已知有脊椎动物248种，其中国家二级重点保护野生动物15种，如虎皮蛙、白鹇等；《濒危野生动植物种国际贸易公约》附录Ⅱ物种总共16种，如画眉、树鹨等；自治区级重点保护野生动物44种，包括典型的洞穴型鱼类——盲鱼。此外，已知维管束植物有311种，其中蕨类植物20种、裸子植物2种、被子植物289种；有成片的国家二级重点保护野生植物1种，即樟树，主要分布在沿河两岸，树龄都在百年以上。

黄金水道上的"小香港"

自秦始皇开凿灵渠之后，北水南行，北舟逾岭，一直发挥着沟通珠江水系与长江水系的纽带作用。桂江也成为秦代统一岭南的军队运输的主要通道。

东汉建武十六年（40年），交趾女子征侧、征贰因不满交趾太守苏定在当地的执政，遂起兵。汉光武帝刘秀派出伏波将军马援"缘海而进，随山刊道千余里"，平定了这次叛乱。

有学者考证，此次行军路线就是通过桂江航道，由湖南零陵溯湘江经全州而至兴安，经灵渠顺流下漓江、桂江直至苍梧；由苍梧溯西江至藤县，入北流河，经鬼门关沿南流江而下，经博白、浦北，抵合浦，然后于合浦整军缘海而进交趾。

三国时期，交趾再次起乱，东吴国君孙皓命令监军虞汜等率兵，亦由桂江航道南下平叛。可见桂江在历史上为稳定国家统治发挥了重要作用。

在经济上，桂江航道更是古代的一条"高速公路"，为各时期社会经济的发展提供了快捷通道。然而，桂江河床以卵石为主，水深峡窄，危石叠嶂，河道迂回，有险滩 42 处，且航道窄狭，最窄处为 8 米，虽可通小船快舟，但大型商船航行困难。为打通这一航运瓶颈，明万历十三年（1585 年）五月，朝廷命平乐抚台刘栻、把总李芳率工匠开凿河道，疏浚桂江滩险，以利行舟。由于筹划得宜，水陆并举，至翌年三月，凿通自小苍板至龙头矶、广运堡至铜盆冲 200 余里山路和航道。此工程耗银 6000 两，为明代疏浚桂江工程规模最大的一次。

就这样，桂北地区通往珠三角地区的"黄金水道"正式形成。为纪念桂江航道疏通工程竣工，刘栻于 1588 年 3 月在桂江西岸一块崖壁上，刻下了"两粤通衢"四个榜书大字，此为桂江已发现的最大石刻。明末以后，随着工商业在广州、香港等沿海地区的兴盛，大量的商货经广州、梧州、昭平、长滩至平乐，然后再到桂林；来自中原的大量丝绸、刺绣、瓷器、茶叶等商品，亦经桂江通道，由西江出海，运往海外。

在距平乐县城南 8 千米的航道上，有个古镇，名长滩（今长滩街），繁华程度堪比县城。原来，桂江在长滩古镇拐了个大弯。长滩古镇原名长滩湾，是个非常好的江湾码头，商船在这里停靠补给十分方便，价格也比城里便宜。另外，在这里建仓储也很划算，因此成了许多大宗买卖的仓储地。更重要的是，在这里进行买卖，因不属于县城范围，可以避税，实行自由贸易。这几方面的因素，使得长滩镇很快崛起，至 20 世纪 40 年代中期，长滩的商业繁华达到鼎盛。那时，街道上都是门面店铺、旅店、饭馆和仓库，一个仅百十来户的圩镇，商业店铺竟多达 140 多家。小街上商客摩肩接踵，人山人海，长滩镇也成了桂江的"小香港"。每天，桂江上帆樯林立，百舸争流，往来商船进港出港，不计其数。这就是南方海上丝绸之路的黄金通道。

贺江：潇贺古道上的神来之笔

贺江，西江五大支流之一，全长 346 千米，集水面积为 11590 平方千米，主要源头为富川江，古称临水、临江。经水利部门调查，富川江最远的源头是湘桂边界的麦岭河，具体地点在都庞岭南麓、富川瑶族自治县麦岭镇的茗山村湖圆岭，向南流经城北镇和县城，纳入东西两岸溪流之水，注入龟石水库；经水库下泄，始为富川江下游，在钟山县西湾村纳入西湾河，始称临江；在贺州八步区贺街镇浮山寺纳入大宁河，始称贺江；向南流经信都、封开，在封开县江口镇注入西江。

贺江在广西境内长 236 千米。大宁河是贺江的一级支流，发源于贺州八步区开山镇与湖南省江华瑶族自治县交界的萌渚岭南麓，上游称桂岭河，至八步区大宁镇后称大宁河，在八步区贺街镇浮山寺汇入贺江。

贺江流域内有富川谷地、八步盆地和信都平原，支流大宁河流域还有桂岭盆地。贺江流域内山川交错，人烟稠密，自古物产丰饶。

贺江是一条十分古老的河流，形成于更新世。经专家考证，贺江原是海拔约 200 米的峰顶面，因河水不断向下侵蚀、下切，逐渐形成了弯弯曲曲的河道。在贺江下游的曲流谷地内，还保留着第一至第三级河流阶地的

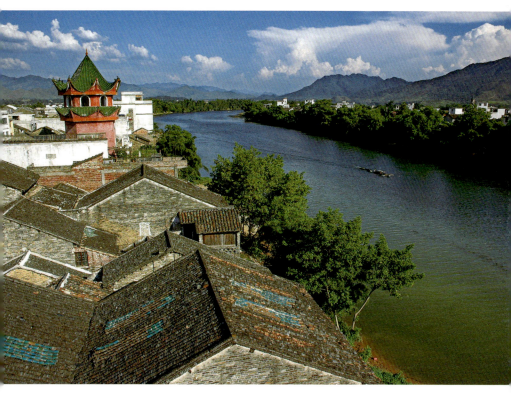

贺江穿过千年古镇贺街（李辉　摄）

冲积层面。而在封开县南丰镇至江口镇这一河段，河床不断发育，形成了著名的蛇曲地貌。

蛇曲地貌，顾名思义，就是河流的形状近于环形弯曲，像连续不断的 S 形，地理学上称之为河曲或蛇曲。蛇曲之美，既有温婉轻柔之态，也有恢宏磅礴之势，如呼伦贝尔草原上的克鲁伦河蛇曲、嘉陵江中游的蛇曲等，无不令人叹为观止。

贺江下游的蛇曲罕见，尤其在封开县白垢镇至江口镇这一河段，蛇曲地貌最为密集。在这段长达 50 多千米的河道上，连续的环形蛇曲超过 15 个。其河流的形状如十指相扣，环环相接，当地人称之为九曲十八弯，是难得一见的江河景观。原来，江河不只是"直挂云帆济沧海"，还有蛇曲这样灵动的性格，就像一条巨蟒奋力向前，百折不回。

碧溪湖与合面狮湖

贺州是全国著名的小水电城市，其支流上的中小型水电站星罗棋布。贺江较大的支流有临江、马尾河、白沙河等，小支流共有 44 条；流域内多年平均降水量 1670 毫米，水能资源十分丰富。据初步统计，贺江全流域水能蕴藏量为 24.2 万千瓦。在广西境内的贺江干流上，已有龟石、城厢、蒋家、羊石、黄石、八步、厦岛、芳林、合面狮、云腾、龙江等 11 个大型水库及中型水电站，装机容量超过 10 万千瓦。

龟石水库建于 1958 年，当地村民仅靠双手和简单的工具，手铲肩挑，历时 8 年，于 1966 年建成。龟石水库系拦截富川江河而成，总库容 59 亿立方米，水深 39 米，库区水面面积为 58827 亩。龟石水库电站装机容量 1.2 万千瓦，设计灌溉面积 16.2 万亩。库区主坝为浆砌石，坝长 300 米，高 42.7 米。龟石水库主要水利工程分东干渠和西干渠，东干渠全长 60 多千米，西干渠全长 49.5 千米。

龟石水库因靠近钟山县龟石村而得名。当地湖光山色，水色澄碧，波光盈盈，当地人据此为其取了一个优美的名字——碧溪湖。

碧溪湖水域辽阔，南北径长 16 千米，东西最宽处 7 千米，大部分水域深度为 20～30 米，蓄水量约 5 亿立方米。湖水中自然形成的大小岛屿数十个，像翡翠嵌在湖心。湖面水鸟翩飞，野水纵横。岸边草树蒙密，新翠如滴；湖光山色，令人忘返。

除了龟石水利工程，贺江之上还有另一个著名的水利枢纽——合面狮水电站。因此处为贺江最狭窄处，水流湍急，两岸各居一狮山，隔江相望，每到黄昏时刻，

龟石水库电站大坝（李辉　摄）

江面雾起，两狮便似迎面相会，各诉心事，故将此峡谷命名"合面狮"。

合面狮水电站位于贺江中游的贺州市八步区信都镇水口村。这是一座集发电、灌溉、航运、滞洪综合利用于一体的水利枢纽，总装机容量 8 万千瓦。合面狮水电站于 1970 年春动工兴建，1974 年 10 月第一台机组开始投产，1976 年 5 月 4 台机组全部投产。

合面狮水电站的拦河大坝全长 190 米，高 54.5 米，正常蓄水位 88 米，总库容 2.35 亿立方米。

合面狮湖国家湿地公园位于八步区步头镇、信都镇，主要以库塘湿地为主，湿地面积约 1300 公顷，湿地保护率达 51.63%。合面狮湖国家湿地公园里现有的维管束植物 541 种、脊柱动物 156 种，其中，国家一、二级重点保护野生动植物有金毛狗、野生鳄蜥、桫椤等。随着合面狮湖国家湿地公园的不断完善，越来越多的鸟类到此地落户，其中就包括有"鸟中大熊猫"之称的中华秋沙鸭。这种鸟是新近纪冰川期孑遗的古老物种，在地球上已繁衍了 1000 多万年，数量极其稀少，是我国特有物种和国家一级重点保护野生动物。

合面狮湖国家湿地公园因沿岸千峦叠翠，万树青苍，素有"贺江小三峡"的美誉。

海上丝绸之路的重要通道

潇贺古道，是指由湖南潇水连接广西贺江的水陆通道的总称。

位于贺江下游的合面狮湖国家湿地公园（李辉　摄）

　　潇，指潇水，全长354千米，是永州人民的母亲河，发源于永州市蓝山县湘江源瑶族乡的野狗山南麓，从南向北，流经江华瑶族自治县、江永县、道县，最后在永州市零陵区贺家码头注入湘江，是湘江上游最大的支流之一。在古代，由中原进入广西，除了经过灵渠，常走的另一条道，就是由湘江入潇水，到达道县后再转道广西。

道县码头因潇水而兴。古码头在道县西关桥的北侧，也叫西关码头。在昔日倚靠水运的年代，乘船从湘江经潇水而来的商旅过客，就是在西关码头上岸，然后走陆路前往广西。

潇贺古道石桥（李辉 摄）

从道县进入广西，需要穿过南岭山脉中都庞岭和萌渚岭之间的一条山谷，即都庞岭与姑婆山、九嶷山（两山属萌渚岭山系）之间的一条陆路走廊，俗称潇贺走廊。这条走廊分为东西两路，东路经过江华瑶族自治县，西路经过江永县。东西两路，最终汇聚在广西富川的古城街。从道县西关码头上岸，无论走东、西哪条道到达富川古城街，都有约 100 千米的路程。

富川古城街，位于富川瑶族自治县东南约 15 千米处（今古城镇），这里是潇贺古道上的陆路与水路的交接点。凡湖湘、两广商贩从陆路而来，皆云集于此。古道之上，廊桥密布。如今还有 100 多座廊桥分布在古道沿线，可以想象，当时是多么的繁华和热闹。古城街交通便利，店铺林立，既是古代的军事要塞，也是湘粤桂经济贸易、商品交流的枢纽中心，被誉为楚粤通衢。

商旅从富川上船，进入贺江，可直达西江，向东可通珠江，出粤港到东南亚；向西沿西江可进入北流河，驳接南流江，与徐闻、合浦相通。返程则反过来。从广州、北流河等地过来的商旅货物，去往岭北，也可由西江入贺江，至富川古城街上岸，走陆路潇贺走廊，到达道州西关码头，转入潇水，再入湘江。

然而，曾繁华一时的古城街，现已淹没在龟石水库之下。

千百年来，无论潇贺古道如何变道，其作为从道县至富川的主要通道这一点是未曾变过。这条湘、粤、桂之间重要的贸易通道，可以看作是古代沟通岭南岭北的一条"高速公路"。随着历史的变迁，尽管许多古道都已湮没，但作为潇贺古道的重要组成部分——贺江，其历史文化价值还有待深挖，因为它既是岭南经济大动脉，也是历史上最早的海上丝绸之路与陆地对接的通道。

西江发源于云南省曲靖市沾益区马雄山东麓，在广东省佛山市三水区思贤滘与北江汇合后进入三角洲网河区，最后经广东省珠海市的磨刀门注入南海，干流长2075千米，流域面积35.50万平方千米，流经云南、贵州、广西、广东等省（区）。西江从源头至思贤滘与北江汇合口，自上而下分为南盘江、红水河、黔江、浔江和西江5个河段。

无论是从江河的径流量之大，还是从水资源的丰富，抑或是从流域面积的宽广来看，西江干流都属于重量级河流。那种一泻千里、万马奔腾的壮阔气势，在西江干流河段得以呈现。

西江干流流域的地势总体西北高、东南低，喀斯特地貌发育完整。上游南盘江段位于云贵高原和高原斜坡区；红水河和黔江段位于高原斜坡和中低山丘陵盆地区；浔江和西江段位于低山丘陵盆地区。

西江干流流域属亚热带气候区，气候温和，雨量丰沛，多年的年平均气温14～22℃，年平均降水量1370毫米，年平均蒸发量900～1600毫米。西江干流各河段水能资源十分丰富，年平均径流量2300亿立方米，约占珠江流域年平均径流的68.5%。

西江干流

西江：滔滔江水，万舸争流

　　西江，古称郁江、浪（yín）水、牂（zāng）牁（kē）江等，是珠江水系的主干流，上游南盘江、北盘江发源于云南省曲靖市沾益区马雄山。西江在广东省佛山市三水区思贤滘与北江汇合后，进入珠江三角洲网河区，最后经广东珠海市的磨刀门注入南海。

西江干流长 2075 千米，平均比降 0.58‰，流域面积 35.50 万平方千米，涉及云南、贵州、广西、广东等省（区）。

西江是一个典型而庞大的树状水系。它从源头至思贤滘与北江汇合口，自上而下分为南盘江、红水河、黔江、浔江和西江 5 个河段：源头至贵州省望谟（mó）县蔗香镇双江口，南盘江与北盘江汇合后始称红水河；至广西象州三江口与柳江汇合后，始称黔江；黔江流至广西桂平市，与郁江汇合后，始称浔江；至梧州桂江河口，始称西江；西江之称，至思贤滘止。西江流入广东省，在广东省境内汇入的主要支流有贺江、罗定江和新兴江。

西江贵港段（吕秀英　摄）

通常称南盘江、北盘江与红水河为西江上游，黔江与浔江为西江中游，西江河段为下游。在西江干流的一级支流中，集水面积在 1 万平方千米以上的有北盘江、柳江、郁江、桂江、贺江。

西江上游南盘江流域为滇东盆地高原区，有澄江、开远、蒙自、石屏、建水等盆地和抚仙湖、阳宗海、异龙湖、杞麓湖等高原湖泊。北盘江和红水河处于云贵高原向广西盆地倾斜过渡的斜坡部位，山地海拔 1000～1500 米。北盘江流域有我国著名的打帮河黄果树瀑布群，极为壮观。

西江中游流域处于广西盆地内。广西盆地北部地势大致由西北向东南倾斜，右江、红水河、桂江等都循此

倾斜面流入西江；中部及南部是河谷平原，包括柳州至来宾一带、浔郁平原、玉林盆地至北流河谷地等，是广西最大的平原地带，多沿河流发育，呈长带状。

西江下游流域，从梧州至肇庆羚羊峡一带，以低山、中山为主，东部有贞山—北岭山脉，中南部有东北—西南走向的山脉和谷地。

西江的流域范围，北以南岭、苗岭山脉为界，西北以乌蒙山脉为界，西以梁王山脉与长江流域分界，西南以哀牢山余脉与红河流域分界，南以十万大山、六万大山、云开大山、云雾山脉等与桂粤沿海诸河分界，东以湘桂交界的萌渚岭与北江分界。西江流域面积约占珠江流域总面积的 80%，其中我国境内面积 34.15 万平方千米，

西江梧州段(韦娇林　摄)

越南境内面积约 1.16 万平方千米。

关于西江的名称，很多人会产生疑惑，为什么把梧州以下至佛山市三水区思贤滘这一段叫西江，思贤滘以上的河段也叫西江呢？其实这两个"西江"，是两个不同的概念，前者指西江河段，后者指西江流域。

西江河段为西江干流的下游河段，历来是两广水运的大动脉，河长 218 千米，占西江干流全长的 10.5%。其自梧州市桂江口，向东经界首的大源冲口（广西与广东交界）及广东封开、郁南、德庆、肇庆，至三水区思贤滘。

思贤滘以上的所有河段、大小支流等，都属于西江水系，又称为西江流域。

夕照西江（丘和　摄）

西江航运：从千帆待发到万舸争流

西江是岭南地区除海运之外最重要的水上航道，干流自西而东贯穿全广西，支流连接云南、贵州、湖南各省，具有重要的航运价值。特别是地处内陆山区的云南与贵州，大量的物资若想运出大山，西江航线就是首选。西江水系十分庞大，又受多种复杂的地形、气候影响，因此古代的西江航运就已呈现出复杂多样的形式。

在现代交通工具出现之前，水路航运是大规模运输的最佳方式。广西河川发达，西江干流贯穿东西，漓江和湘江也早有灵渠沟通。乾隆初年，云贵总督兼巡抚张广泗为建驿站之事上奏乾隆："广西有水路可通，顺流迅速。"

在古代，西江上航行着数量众多的商船，这种船有帆有橹，风力、人力可同时或兼而使用。船上有橹数条，两三人摇一橹。帆又称篷，以蒲席为之。每船两帆，顺风时，挂八字帆。根据载货品种的不同，这些船又可称为米谷船、柴炭船、盐船、矿船等，其载货颇多，是西江运输的主力。

清代，云南铜矿发达，"滇铜外运"是一项重要的经济活动，而西江是"滇铜外运"的大通道。"滇铜外运"需将云南铜料先经由广南、剥隘运抵百色，再从百色利用右江水路，进入郁江、浔江，直至广西梧州。

运铜的船到达梧州后，分为两路。一路向北，溯桂江、漓江，在灵渠入湘江，再入长江，往陕西、江西、浙江等地；另一路从梧州向东，顺西江而下入广东。

作为"滇铜外运"的大通道，这条西江航线，也是"滇铜京运"的主要水道。整个清代，云南铜矿在广西向东出海，再以海轮运到天津，最后送往北京。

从古至今，云南、贵州的大宗物资向外地用水道运输皆取道广西。无论是经灵渠入长江，还是经西江河段向东入海，广西的特殊地理位置，都使西江航道成为无可替代的西南地区对外水运大动脉。

近代以来，因灵渠年久失修、公路运输兴起、梧州被开辟为通商口岸等，西江入海航线进入了高度繁忙时期。梧州不仅为众多江河交汇之处，江宽水深，湾泊条件好，而且是广西货物出入口的枢纽，地理位置优越。外商蜂拥而至，纷纷设立轮船公司，经营航运业，外国

西江梧州段（陈镜宇　摄）

轮船可从香港直接开到梧州。梧州开埠后，来往梧州的外国轮船吨位逐渐增大。外商为了推销过剩商品，掠夺广西、云南、贵州等省份的原材料，大力扩张在梧州的航运业，西江成了西方列强侵略广西的天然水道。一时间，大量的洋货充斥西江沿线，本地的手工业遭到严重破坏。

随着社会经济的高速发展，西江航道也进入了新时代。西江流域出现了众多的高峡平湖，许多原本无法通行的航道也因水位上升得以开始通航。

2012—2022 年，西江航运干线 3000 吨级航道里程实现了"零"的突破，干线船闸设计年单向通过能力，也由约 1 亿吨增加到了 2.82 亿吨，增长了近 2 倍；干线过闸船舶数量增长了近 1 倍，平均核载超过 2600 吨。集装箱作为现代化运输方式全面铺开，多线多梯级船闸联合调度走在了全国前列，北斗导航技术得到深度推广应用。

目前，平陆运河建设如火如荼。其全长 134.2 千米，属于内河一级航道，从西江中游的横州市河段起，至灵山县陆屋镇沿钦江进入北部湾。平陆运河建成后可通航 5000 吨级轮船，预计在 2026 年底建成通航。待平陆运河通航以后，广西和云南、贵州、四川、重庆等省（区、市）的货物，都能经此出海，这比从广州出海缩短至少 560 千米。

2021 年 6 月 24 日，在国务院新闻办公室的新闻发布会上介绍了中国水运现代化的宏伟蓝图，到 2035 年，我国将基本建成"四纵四横两网"国家高等级航道 2.5 万千米，"西江航运干线"列入规划之中。届时，西江航道将建成干支衔接、通江达海的内河航道体系。

西江明珠：长洲水利枢纽

广西梧州是西江流域著名商埠。浔江由桂平始，由西而东，一路磅礴，梧州段水面宽广，江心有一岛，名长洲岛。它像一片柳叶，浮于江面。浔江从长洲岛两侧向东流约 5 千米处，为桂江入浔江汇流处。

长洲岛在行政上属于梧州市长洲区长洲镇。长洲岛北侧为北浔江，沿岸则为龙华、龙平、龙新一带；长岛南侧为南浔江，沿岸为高旺、龙圩一带。长洲岛并非冲积岛，而是地壳上升、古浔江下切所形成，东西长 14.5 千米，南北最宽处 1.8 千米。

梧州水资源丰富，蕴藏着巨大的能量。梧州从 20 世纪 50 年代开始注重城市水电的建设与布局，积极开发、利用得天独厚的水资源。在很长一段时间里，梧州一直以火电为主，兼有水电，但对整个梧州用电需求来说，仍然难以保证。

一直到 20 世纪 90 年代，位于桂江上苍梧县京南镇的京南水利枢纽建成，梧州用电紧张的情况才有所缓解。

21 世纪初，中国经济进入快速发展阶段，梧州的用电量也急剧增加。利用浔江丰富的水资源筑坝发电，势在必行。

浔江中间的天然存在的长洲岛，成为拦江筑坝的首选地址，理由如下：长洲水利枢纽大坝横跨长洲和泗化洲两岛，主坝坐落在花岗岩带上，坝基稳固；两岸开阔平缓，建设条件优越；集水面积 30.86 万平方千米，汇集了红水河、柳江、郁江和北流河的水量，流域经纬跨度大。由于各江的降水时空过程不同，就算枯水期，该枢纽水量也特别丰沛，多年平均流量达到 6100 米^3/秒；在 11 月至翌年 4 月的枯水期，平均流量也能够达到 2368 米^3/秒；保证率 95% 的枯水流量仍高达 1090 米^3/秒。

其实，为了在浔江之上筑坝发电，梧州的水电工作者一直在努力。早在 20 世纪 70 年代后期，梧州水电技术专家张具瞻等人，为了寻找合适的水电坝址，跑遍了梧州的山山水水。虽然他们也曾把目光投向宽阔的浔江，但是如此庞大的水利工程，以当时的技术、资金等，难以解决问题。尽管如此，1978 年，在梧州市第一届科技大会上，张具瞻第一次大胆地提出建水利枢纽的设想，语惊四座。1982 年，张具瞻在病榻上完成了《长洲水电站建设方案》的编写，并受市政府委托向珠江水利委员会提交报告。为了实现这一目标，张具瞻和一批梧州水电专家奔走了 20 多个春秋。

2003 年 12 月，长洲水利枢纽工程正式破土开工。这是国家西部大开发和"西电东送"的战略项目之一，举世瞩目。

经过 3 年多热火朝天的建设，2007 年 3 月，长洲水利枢纽船闸通航。工程挡水建筑物总长 3350 米，由拦河坝、溢洪道、泄洪洞、引水系统、发电厂房、开关站等建筑物组成，属一等工程。拦河坝为钢筋混凝土石坝，最大坝高 162 米，坝顶长 507 米；总库容 56 亿立方米，正常蓄水位库容 18.6 亿立方米。

这是一座以发电为主，兼有航运、养殖、环保、供水灌溉等综合利用效益的大型水利枢纽，共安装 15 台单机 42 兆瓦的灯泡贯流式机组，总装机 630 兆瓦，年设计发电量约 30.14 亿千瓦时。主体工程横跨两个岛屿，气势雄伟，十分壮观。

2010 年 11 月 21—24 日，长洲水利枢纽工程通过竣工验收。

2021 年，长洲水利枢纽船闸年过货量达到 1.52 亿吨，同比增长 0.78%，连续两年超过 1.5 亿吨，连续两次超过长江三峡船闸。长洲船闸良好的通航环境，为畅通粤港澳大湾区水运要道发挥了重要作用。

红水河：一条从太阳流出的河

　　红水河，珠江流域西江水系的干流。因流经红色岩系地区，河水呈红褐色，故名。上游称南盘江，发源于云南省曲靖市沾益区马雄山，与北盘江汇合后始称红水河。民间传说里，这是一条从太阳流出的河。红水河流经云贵高原，呈东北—西南走向，至广西天峨县西北部折向东南，经南丹、东兰、巴马、大化、都安、马山、忻城、合山、兴宾、象州等县（区、市），于象州县石龙镇三江口与北来的柳江汇合，始称黔江。红水河全长

生活在红水河两岸的瑶族群众在欢庆节日（引自罗劲松《壮美广西》）

红水河（王梦祥　摄）

659 千米，较大的支流有蒙江、曹渡河、布柳河、灵岐河、刁江、清水河等。

红水河是广西最具神秘色彩的河流之一，也是我国大西南一条重要的民族走廊。红水河流域生活着壮、汉、瑶、苗、侗、彝、水、布依、仫佬、毛南、回、仡佬等12个世居民族，每个民族都有一套属于自己的文化体系，不同民族之间的文化不断包容、吸收、交融，彼此之间取长补短，相依相存。

红水河流域各民族有很多习俗和节日，且基本上相同，比如汉族的春节，各民族都把它当成了自己的节日；壮族的"三月三"，许多其他民族也都积极参与。红水河是一条民族大融合的河流，各民族在这里碰撞，又相互交融，就像红水河那样，激越奔腾，充满新鲜的活力，他们共同创造了红水河流域丰富多彩的神话传说、山歌民谣、蚂蚜崇拜、铜鼓文化、稻作文化、长寿文化、师公文化、生态文化以及壮医文化、苗医文化等。其中，铜鼓文化是红水河文化的代表。

早在西周时期，广西本土已能用石范铸造各种小型青铜器。铜鼓出现在春秋晚期，由于工艺尚在初级阶段，因此所铸铜鼓体形较小，纹饰简朴，原始粗犷。

最初，铜鼓是作为法器使用的。骆越先民在占卜、巫术和祭祀等活动中，无论是唱经诗、念咒语还是驱鬼，都要使用铜鼓。后来，铜鼓作为象征权力的礼器、神器，成为长老、头人控制部族的重要利器。但随着铜矿业的不断发展，铜鼓的数量越来越多，铜鼓的礼器与神器的功能有所削弱，娱神、娱乐的功能得以加强。从唐代开始，铜鼓已经成为贵族家庭歌舞娱乐的重要乐器。

东兰红水河第一湾（王梦祥 摄）

如今，在红水河流域，铜鼓仍在使用。师公们拿着小铜鼓，边敲鼓点边唱经诗，民间办红白喜事都能听到铜鼓的铿锵节奏。而这节奏，与红水河激荡奔腾的浪涛一脉相承，化作红水河两岸人民坚韧向上的精神脉搏。

红水河十大梯级水电站

广西水能资源丰富，水力资源蕴藏量 2133 万千瓦，其中近 71% 集中在红水河段。红水河是我国十二大水电基地之一，被誉为水力资源的"富矿"，是水电开发、防洪及航运规划中的重点河流。1981 年，国务院批准《关于红水河综合利用规划的报告》，同意在红水河流域兴建以天生桥一级水电站为龙头的 10 座梯级水电站。红水河的梯级开发河段，从南盘江的天生桥起到黔江的大藤峡止，全长 1050 千米，总落差 756.6 米，可开发利用水能约 13030 兆瓦，规划建设的 10 座梯级电站中装机 1000 兆瓦以上的有 5 座。

红水河干流规划开发的 10 座梯级水电站：天生桥一级、天生桥二级、平班、龙滩、岩滩、大化、百龙滩、乐滩、桥巩、大藤峡（其中有 4 座水电站在红水河河段之外：天生桥一级、天生桥二级、平班、大藤峡，这是为了便于梯级水电站的规划与建设，故将其列入红水河开发范畴），总装机容量可达 14449 兆瓦。

一是天生桥一级水电站，位于广西百色市隆林各族自治县与贵州黔西南布依族苗族自治州兴义市、安龙县、册亨县交界处的南盘江上。水电站于 1991 年开工建设，

1998 年 12 月第一台机组发电，2000 年 12 月电站全部
机组投产运行。这是红水河 10 座梯级的龙头电站及西
电东输的大型骨干电源，是中央与广东、广西、贵州共
同出资建设的第一个大型项目，在"西电东送"工程上
举足轻重。水电站以发电为主，大坝形成蓄水总水库总
库容 102.6 亿立方米，总装机容量 1200 兆瓦，年均发
电量 52.26 亿千瓦时。

二是天生桥二级水电站，在天生桥一级水电站下游
7 千米处，位于广西百色市隆林各族自治县与贵州黔西
南布依族苗族自治州安龙县交界处的南盘江上。1981 年
开工建设，1992 年首台机组发电，1999 年 5 月全部机
组投产运行。这是"西电东送"工程的第一个电源点。
天生桥二级水电站安装有 6 台机组，总装机容量 1320
兆瓦，年均发电量 82 亿千瓦时。

三是平班水电站，位于广西百色市隆林各族自治县
平班镇与贵州黔西南布依族苗族自治州册亨县巧马镇交
界处的南盘江上。平班水电站于 2001 年 10 月开工建
设，2004 年 12 月第一台机组发电，2005 年 8 月机组
全部投产发电。这是国家"西电东送"工程、广西重点
工程之一。平班水电站总装机容量 405 兆瓦，年均发电
量 16.03 亿千瓦时。

四是龙滩水电站，位于河池市天峨县境内，距天峨
县城 15 千米。这是红水河梯级开发的骨干工程、巨型
电站和大型水库。龙滩水电站总装机容量 6300 兆瓦，
年均发电量 187 亿千瓦时。龙滩电站创造了三项世界之
最：最高的混凝土大坝，坝高 216.5 米；规模最大的地
下厂房，长 388.5 米，宽 28.5 米，高 74.4 米；提升高

度最高的升船机，全长 1650 多米，最大提升高度 179 米。项目于 2001 年 7 月 1 日开工建设，2009 年 12 月全部建成投产发电。

五是岩滩水电站，位于红水河中游的河池市大化瑶族自治县岩滩镇，1985 年 3 月开工，1995 年 6 月全部机组投产运行。水电站总装机容量 1210 兆瓦，年均发电量 56.6 亿千瓦时。

六是大化水电站，位于红水河中游的大化瑶族自治县县城，1975 年 10 月开工兴建，1985 年 6 月工程竣工。这是红水河上的第一座大型水电站，由此拉开了红水河梯级开发的序幕。改造后的大化水电站总装机容量 456 兆瓦，年均发电量 21.06 亿千瓦时。

七是百龙滩水电站，位于河池市都安瑶族自治县与南宁市马山县交界处的红水河中游，坝址距都安瑶族

岩滩水电站（王胤 摄）

自治县县城 12 千米，距马山县县城 17 千米。工程于
1993 年 2 月开工，1999 年 5 月全部机组投产运行。水
电站总装机容量 192 兆瓦，年均发电量 11.1 亿千瓦时。
百龙滩电站是广西境内第一个实现无人值守、用计算机
监控的水电站。

八是乐滩水电站，位于来宾市忻城县红渡镇上游
3 千米处，2003 年 3 月开工建设，2005 年 12 月全部机
组投产发电。水电站总装机容量 600 兆瓦，年均发电量
34.95 亿千瓦时。

九是桥巩水电站，位于来宾市境内的红水河干流上。
2005 年 3 月动工兴建，2009 年机组全部投产发电。水
电站总装机容量 456 兆瓦，年均发电量 24.01 亿千瓦时。

十是大藤峡水利枢纽，位于黔江桂平市段上游 12 千
米处的峡谷出口处。于 2015 年正式开工，总装机容量
1600 兆瓦。大藤峡水利工程是国务院确定的 172 项节水
供水重大水利工程的标志性项目，也是红水河十个梯级
开发的最后一级，共装备 8 台国内最大的轴流转桨式水
轮发电机组，单机容量 20 万千瓦。其中，左岸 3 台机组
已于 2020 年全部投产运行，右岸 5 台机组已投产 4 台。

2023 年 8 月 21 日 10 时，大藤峡水利枢纽工程最
后一台机组完成全部设网试验，进入 72 小时试运行阶段，
开始并网发电，这标志着大藤峡水利枢纽工程进入全面
投产发电的冲刺阶段。

截至 2023 年 8 月，大藤峡水利枢纽工程已投产的
7 台机组累计发电量超过 113 亿千瓦时，有效缓解了广
西电力供应紧张的局面，为我国实现碳达峰、碳中和目
标作出积极贡献。

大化水电站（王梦祥 摄）

黄金水道：直挂云帆济沧海

红水河古称温水、夜郎水、牂牁江，为西江主干流的上游河段，上承南盘江、北盘江，下接黔江、柳江。南盘江与北盘江汇流后始称红水河，从贵州望谟县蔗香镇双江口起至广西象州县石龙镇三江口止，全长659千米。红水河通航历史悠久，在修筑和形成流域区内的公路网之前，红水河是云南、贵州、广西沿江地区主要的交通命脉，至今仍为云南、贵州、四川、广西物资出海的一条理想便捷的水运通道。

红水河自蔗香镇至天峨县段，属高山峡谷地区；天峨县至凤凰峡，属峰林洼地及侵蚀中低山相间；出凤凰峡谷后为石灰岩地，以疏峰谷地和残丘平原为特征，进入低丘平原。红水河两岸有较广阔的丘陵平原台地，如迁江平原、来宾平原和大湾平原等。

红水河上游河段，水流湍急，滩险众多，遍布峡谷、陡坎、礁石、突嘴、急弯及窄槽等，平均每2.4千米就有一处急滩跌水。河槽宽度平时为200米，洪水期为200～350米，河中分布着各种险滩，主要有淘滩、峡龙下滩、雅弯、大坟、刹利、坝岩、八号、新滩、大龙、都六、岩滩、大勒喉、十五滩、大黄牛、赌命等滩。滩上枯水期水深1～2米，航道条件差异大。

历史上，贵州是个缺盐地区。但贵州以北有巴蜀井盐，以南有两广的海盐，于是贵州就有了两条运盐古道。北部赤水河、乌江，为川盐入黔航道；而南部的红水河，就是海盐入黔的重要航道。

在红水河水电站开发之前，都安红渡码头以下，仅能通航 30 ～ 50 吨木帆船。20 世纪 50—70 年代，红水河上进行过两次大规模的航道整治，炸掉了一些暗礁，修建船闸，渠化河段。

自 1975 年大化水电站开工起，因未能同步建设通航设施，造成红水河从此断航，接着一座又一座电站的建设，造成红水河持续断航已 40 多年。红水河多年断航，严重制约着贵州黔南布依族苗族自治州、黔西南布依族苗族自治州和广西百色市等红水河地区的经济发展，这也成为珠江建设黄金水道的主要难点。

随着一座座水电站的建成，高峡出平湖，水位抬升。红水河全线复航的呼声越来越迫切。

红水河两岸石壁（陈镜宇　摄）

2014 年 5 月，随着一声汽笛长鸣，两艘满载矿石粉的货船驶出河池市东兰县弄堂码头，红水河上的"东兰—来宾—广州"航线正式开通，这标志着红水河中断几十载的水运航线正式复航。

2015 年 7 月，红水河流域首条直通珠三角地区的"河池都安—广州"集装箱航线首航仪式在都安瑶族自治县举行。至此，河池港都安港区红渡作业区集装箱业务正式开通。

2010 年，广西启动西南水运出海通道工程，红水河曹渡河口至桥巩船闸段全线按通行 500 吨级船舶的标准建设，设计通行能力为 20 万吨／年。此通道的建成，使红水河流域丰富的煤、磷等资源得到充分开发，并能直接通过水运送达广西其他地区及广东、香港、澳门等地区。红水河成为我国西南地区最大的煤运水上通道。

随着地方经济社会的不断发展，南盘江、北盘江至红水河沿江地区对水上运输需求越发强烈。仅贵州黔西南布依族苗族自治州每年就有 5000 万吨货物需要南运，其中有 3000 万吨需要通过水运来解决。红水河龙滩水电站 1000 吨级通航建筑物工程可行性研究报告已获广西、贵州两省（区）发展和改革委员会联合批复。红水河的航运发展将翻开新的一页。

黔江：西江亿吨黄金水道

　　黔江位于广西中部，属珠江流域西江干流的一段。西江发源于云南省曲靖市马雄山，上游称南盘江；流经贵州省望谟县蔗香镇，与源出云南省曲靖市马雄山西北麓北盘江汇合后，称红水河；红水河先向东北流，然后流向东南，至广西象州县的石龙镇三江口，汇合北来的柳江，始称黔江。

　　黔江全长122千米，河段流域面积3531平方千米。黔江曲折南流，经武宣县城北，过大藤峡，至桂平市东南三角嘴，汇合郁江，始称浔江；从象州县石龙镇三江口，至桂平市三角嘴，这一段称黔江河段；在桂平市境内，俗称北江。

　　黔江平均河宽410米，最宽处600米，位于桂平市南木镇渡头村；最窄处110米。平均水深17.4米，滩多流急。在桂平市境内，有碧滩、弩滩、龟滩、鹅蛋滩、铜鼓滩等险滩，其中弩滩最为险恶，礁多，水急，浪大。昔时航船，多在弩滩遇险。

　　今河道疏通，航行已较为安全，可行250～500吨位的客轮、货船，四季通航，上溯柳州，下通梧州、广州，但仍不能夜航。在桂平市南木镇弩滩村西黔江东岸有座甘王庙，在从前，船只若过往此庙必烧香祭拜，祈求能够过滩。弩滩上游 200 米，有一处深潭，深达 50 多米；弩滩下游也有一处深潭，深 10 米左右，俗称黄茅漩，昔日民船多在此翻沉。

黔江两岸，山岭耸立，河道深切，景色秀美。46%的河段流经峡谷地带，故水流湍急，水力资源丰富。其中最著名的是大藤峡，峡谷长 40 千米，是广西最长、最大的峡谷。此处建有装机容量 160 万千瓦的大藤峡水电站，总投资超过 280 亿元，主体工程已于 2023 年 9 月完工并投产发电。

黔江，黔是贵州的简称，而黔江与贵州相距甚远，为什么有黔江之名？

宋开宝四年（971 年），宋灭南汉，统一岭南。宋至道三年（997 年），全国划分为 15 路，今广西绝大部分地域属于广南路。宋元丰元年（1078 年），分广南路为广南东路和广南西路，今广西绝大部分地区属广南西路，治所设在桂州（今桂林）。桂林从宋代开始正式成为广西的政治中心。

宋大观元年（1107 年），在流域内把广南西路分为广西路、黔南路。先是将融州（今广西融水苗族自治县）、柳州（今广西柳州市）、宜州（今广西河池市宜州区）、平州（今广西三江侗族自治县）、允州（今贵州从江县）、从州（今贵州榕江县）分至黔南路，之后庭州（今广西河池市）、孚州（今广西环江毛南族自治县）、观州（今广西南丹县）也属黔南路。黔南路治所设在融州。宋代置黔南路后，始获黔江之名。

达开水库：浇灌浔郁平原

马来河，黔江支流，全长 63 千米，位于桂平市东北部与武宣县西部边界。其源出贵港市区与桂平市之间的分水岭龙山东坡，东流经桂平市江口镇龙山村，在武宣县桐岭镇西南，沿桂平与武宣两地之间边界向东南流，至黔江大藤峡上口处，注入黔江。

达开水库是拦蓄马来河水而建成的水库，库区位于贵港市奇石乡，这里是太平天国著名将领、翼王石达开的故乡，故取名达开水库。

1831 年 3 月，石达开出生于广西贵县（今广西贵港市）那帮村。1847 年，洪秀全、冯云山到贵县拜访石达开，邀其共图大事。1850 年 8 月，19 岁的石达开在蚂蟥冲竖旗誓师，率 2000 人投奔金田村。翌年洪秀全在永安封王建制，石达开封翼王。1855 年，石达开大败湘军水师，掳湘军主帅曾国藩。后曾国藩乘舢（shān）板逃脱。1863 年 5 月，32 岁的石达开被困四川大渡河天险安顺场，被俘，受凌刑。

达开水库坝首位于来宾市武宣县桐岭镇。主坝高51.5 米，坝顶长 330 米，为黏土心墙坝，坝顶高程 103米。主坝以上河段长 48 千米，集水面积 127 平方千米，多年平均径流量为 3.5 亿立方米，水资源十分丰富。

达开水库灌区位于桂平市以西至贵港市市郊之间，在著名的浔郁平原范围内，四野广阔，为广西的主要粮食和糖业基地之一。达开水库建成之前，这里水利设施极少，年年受旱。中华人民共和国成立后，虽然逐年兴修了不少小型水利工程，当地农民获益较大，但是灌区面积较广，水利设施远未能满足需求，水涝旱灾亦未能解除。修建一座大型水库，势在必行。

1957 年，广西省水利厅曾规划在桂平灌区修建武平肚水库。经过反复勘探，武平肚水库的集水面积仅有 73 平方千米，水资源严重不足，且预计淹没损失较大，故放弃武平肚水库方案。1958 年 3 月，玉林地区水电局勘测马来河水库工程，认为马来河水库工程虽复杂而艰巨，但水资源丰富，能满足灌区用水。后经专家反复论证，确认此方案可行，所建水库被命名为达开水库。

1965 年 9 月，达开水库竣工。水库南北长 30 千米，东西最宽 3 千米，总面积 80 平方千米，蓄水量达 4 亿立方米，当时为广西第二大水库。装机 5 台，总容量为 5570 千瓦。达开水库建成后，灌溉贵港市港北区的庆丰、大圩、港城、武乐和桂平市的白沙、石龙、厚禄、蒙圩 8 个乡镇（街道）共 50 万亩良田。

大藤峡：世纪梦想

大藤峡是广西最长最大的峡谷。古志上记载，昔时有大藤如斗粗，横跨江面，昼沉夜浮，供人渡江，故得名大藤峡。

大藤峡位于黔江下游，从武宣县三里镇的勒马入口到桂平市的弩滩出口，全长约 44 千米。大藤峡两岸重峦叠嶂，水势汹涌，风高浪急；水中暗礁四伏，急流狂澜倒卷。

徐霞客即通过此峡谷进入郁江，并记述了大藤峡雄伟壮观的景象。他在游记中写道："有大书镌石者，土人指为韩都宪留题，然舟疾不能辨也。"意思是徐霞客看到石头上镌刻有大字，当地人告诉他是韩都宪题写的，但是船开得太快了，看不清石刻内容。韩都宪即韩检察官，指韩雍，明中期名臣，曾以右佥都御史的身份来到广西。

明景泰七年（1456 年），瑶族侯大苟率领瑶族、壮族人民在大藤峡发起叛乱，声势浩大，荔浦、平乐等地人民起来响应，势力甚至发展到广东的高州、廉州、雷州。明成化元年（1465 年），明朝廷派韩雍率军 16 万，分五路对平定叛乱。韩雍斩断巨藤，勒石纪功，在大藤峡崖壁上刻下"敕赐永通峡"。

大藤峡丰富的水能资源令人惊叹。1919 年，革命先驱孙中山在《建国方略》中首次提出建设大藤峡水利枢纽的构想。然而当时的技术条件和经济条件都不充分，这一宏大构想难以实现，只能是梦想。改革开放之初，珠江水利委员会成立，大藤峡水利工程成为委员会工作的重中之重。

2014 年 10 月，大藤峡水利枢纽工程可行性研究报告获国务院批准。在国务院批复的《红水河综合利用规划》中，大藤峡水利枢纽工程被确定为 10 个水电梯级开发的最后一级，位于珠江流域西江干流黔江河段，控制着西江流域面积的 56.4% 和西江水资源量的 56%。

2014 年 11 月 15 日，总投资 357 亿元的大藤峡水利枢纽工程开工，10000 多名建设者轰轰烈烈奔赴大藤

建设中的大藤峡水利枢纽（吕秀英　摄）

峡。这一国家重大水利工程，正式进入实质性建设阶段。2019 年 10 月 26 日，大藤峡水利枢纽工程提前实现大江截流。

2020 年 3 月 10 日，大藤峡水利枢纽工程一期下闸蓄水。大藤峡工程一共布置了 8 台国内最大的轴流转桨式水轮发电机组，设计年发电量 60.55 亿千瓦时。

大藤峡船闸规模为 3000 吨级。项目建成后，水库正常蓄水位 61 米，船闸单次通过载重量 1.29 万吨，年均运送货物 5189 万吨。水库渠化 279 千米航道，红水河、柳江、黔江航道等级提升为二级，通航吨级将由 500 吨级提升至 2000 吨级，渠化后可通航 3000 吨级船舶，实现 3000 吨级的船舶由来宾直达珠三角地区。

浔江：抱三江而襟两粤

红水河流至象州县石龙镇三江口（与来宾市武宣县交界处），纳入柳江。自柳江口至桂平市郁江口河段，长 122 千米，称为黔江。在桂平市寻旺乡，黔江纳入郁江，再东流至梧州，与桂江相汇，称浔江，全长 168 千米。

"浔"在古代的字义中为水体边缘的陆地。浔州之名，唐武德七年（624 年）置，因浔江得名，治桂平县（今广西桂平市，宋移至此）。

浔江右岸有北流河，左岸有蒙江。

浔江河面有宽有窄，河床平缓，水位变幅较小，流经桂平市、平南县、藤县、苍梧县和梧州市区。浔江沿岸平南县武林镇一带及蒙江镇以下至梧州，多为丘陵山地，其余为台地平原，除龙潭峡及白马峡等处河道较窄，一般河宽为 300～500 米。由于上游有西江最大支流郁江的汇入，浔江水量大增，河道逐渐宽阔，江心洲不断出现，共有十几处，其中以褐（tà）洲、长洲二处最大。浔江地理位置有"抱三江而襟两粤"之称，为西江中下游的航运枢纽河段。

浔江水量丰，河面宽，目前是西江中游最繁忙的河段，通航能力为 3000 吨。正在建设中的平陆运河，通

浔江上的相思洲大桥（吴业庆　摄）

航能力设计为 5000 吨，这意味着浔江航运将有更大的发展空间。

浔江流经桂平市至平南县武林镇一段，河面宽阔，水流平缓。北岸低山环绕，南岸丘陵散布，形成了浔江平原。这里水网密布，自古以来，此处盛产一种浔江鱼，其与合浦的珍珠、容县的沙田柚，合称"广西三宝"。

浔江鱼，并非指所有在浔江上捕获的鱼，而是一种当地俗称"三来鱼"的鱼，学名叫鲥鱼，属于季节性的海水鱼，背黑绿色，腹银白色，鳞下多脂肪，肉质细嫩，味道十分鲜美。每年的农历三月中下旬，三来鱼成群结队，从大海进入珠江，再溯西江而上，来到桂平市浔江段交配产卵。因是三月来，故称三来鱼。

每至渔季，降雨多，浔江涨水。在百里浔江上布满了密密麻麻的渔船。捕鱼者、买鱼者、看热闹者遍布浔江两岸，人声鼎沸，一片忙碌。

平南县武林港位于西江黄金水道中下游，东接粤港澳，南邻北部湾，西靠大西南，内河港口发展优势十分突出。武林港项目二期新建 3 个 2000 吨级多用途泊位、2 个 2000 吨级散货泊位。这 5 个泊位均按可靠泊 3000 吨级船舶设计，满足年吞吐量 260 万吨的要求。截至 2023 年 9 月，已有 2 个泊位建成并投入运营。

浔江自古就是广西通航价值最大的一段河道。然江面虽广，但暗礁众多。为了浔江航道的畅通，政府采取了炸礁、挖沙等办法疏浚航道，并采取了设置航标灯等一系列措施，大大改善了浔江的航运条件。从梧州到桂平逆流而上，原先需航行五六天，航道疏通之后，只需 20 小时即可到达。

如今的浔江，百舸争流，川流不息，是广西最繁忙的水上航线之一。

龙眼之乡：白沙江畔大新镇

白沙江系浔江支流，河长 102 千米，源头称中和河，发源于桂平市中沙镇沙木村大容山北麓的天顶岭，向北流至桂平市麻垌镇南江村，纳入罗秀河后始称白沙江。白沙江向北，流经麻垌镇沙江村后进入平南县境，流入六陈水库，出库后往东北流经平南县大安镇、六陈镇、大新镇，最后于武林镇流入浔江。

白沙江流域内物产丰富，盛产龙眼、荔枝、稻米等作物。

龙眼，其干果俗称桂圆，形圆，大如弹丸，壳浅黄色或褐色，果肉白色透明，汁多味甜，是我国南方亚热带地区知名特产。龙眼树春末夏初开白色细花，7 月挂果，8 月果熟。龙眼对生长环境比较挑剔，不同地区生长的龙眼，口感也各不相同。一般生长在亚热带、无严重霜冻地区最为合适。

石硖（xiá）龙眼系龙眼的一个知名品种，又名十叶、脆肉、石圆等。石硖非地名，而是品种名，原种出自平南县大新镇。1927 年，到日本早稻田大学学习园艺果树技术的覃敬清从日本回国，返回老家平南开设大南农场。一次野外考察时，他在平南罗村发现了一棵巨大的野生龙眼树。这棵野生龙眼树很奇特，生长在大石山脚下的一条石缝中。

　　覃敬清敏锐地感觉到，这棵野生龙眼树有着非凡之处，遂决定利用留学时学到的嫁接技术，将这棵树作母树进行嫁接。经过不断努力，他成功嫁接培植了100多株龙眼树苗。而这个品种的龙眼则因当地方言将石缝叫作"石硖"而取名石硖龙眼。

　　从此，平南县大新农场成为石硖龙眼的发源地，目前尚存优质石硖龙眼母树108株。石硖龙眼果实浑圆丰满，皮黄褐色，肉乳白色，肉厚核小，爽脆不流汁，味甜而清香，营养价值高。石硖龙眼以优良的品质于1992年获首届中国农业博览会银质奖（龙眼系列银质奖为最高奖）；1995年获第二届中国农业博览会金质奖（龙眼系列唯一金奖）；2014年，平南石硖龙眼获得国家农产品地理标志；2017年，平南县获"中国石硖龙眼之乡"称号。

　　平南县是"中国石硖龙眼之乡"，拥有全国最大的县级石硖龙眼生产基地和全国唯一的中国石硖龙眼母本园，以及广西首批农产品区域公用品牌和全国农产品区域公用品牌。从20世纪90年代初开始，平南县就把种植石硖龙眼作为重点发展项目。截至2023年9月，全县现种植石硖龙眼面积达20多万亩，丰年总产量可达20万吨，产值近14亿元。

金田水库与风门坳古战场

　　金田水库位于桂平市金田镇茶林村附近，距桂平市城区40千米，位于紫荆河道上。紫荆河汇入大湟江，

浔江航运（丘和 摄）

最后注入浔江。金田水库总库容 6807 万立方米，是一座以灌溉为主，兼顾发电和供水等综合利用的水库。

金田水库分为上库与下库。上库位于紫荆镇象军、大坪两村；下库位于金田镇茶林村与紫荆镇毗邻处，上下库同是拦筑紫荆河水为库。上库于 1956 年 11 月动工，1957 年 10 月建成；下库于 1969 年 12 月动工，1975 年秋建成。大坝为砌石支墩坝，坝高 53 米，是广西最高的砌石支墩坝。金田水库流灌南木、金田、江口 3 个乡镇 43 个村屯的耕地。

震惊中外的太平天国运动金田起义，即是在金田水库的所在地——金田镇爆发。

1843 年，洪秀全与冯云山首创拜上帝会，并积极进行活动，得到迅速发展。1850 年夏，起义的时机已经成熟，洪秀全发布总动员令，号召会众到当时的金田村"团营"。各地拜上帝会群众（大约两万人）向金田村集合，并先后击败清军的进剿。1851 年 1 月 11 日，洪秀全庄严宣告武装起义，建号太平天国，起义军称太平军，太平天国运动正式爆发。1851 年 3 月，洪秀全在广西武宣登基，称太平王，后来改称天王。1851 年 9 月 25 日攻克广西永安州（今蒙山县）后，洪秀全在此封王，封杨秀清为东王，肖朝贵为西王，冯云山为南王，韦昌辉为北王，石达开为翼王，规定所封诸王，俱受东王节制，其余有功将士均晋升官职等，初步奠定了太平天国建国的规模。

今日之金田水库所在地，即太平军与清军决战的"风门坳之战"战场旧址。1851 年 8 月下旬，太平军主力在撤出金田新圩后，置重兵扼守紫荆山南部要隘风门坳，挖断道路，垒石安炮，阻止清兵。清军屡次进攻均被击退，伤亡惨重。

广西提督向荣率清军数千人，分三路再次进攻风门坳。这次向荣使了诡计，派一路兵马正面攻坳，分左右两路绕小道翻越山梁，居高临下，用炮火向守坳的太平军轰击。太平军猝然不防，被迫撤出风门坳，退守紫荆山外的古林社、茶调村一线。是役太平军伤亡惨重，韦昌辉之弟亦中炮阵亡。

1851年9月上旬，向荣在紫荆山脚一带形成对太平军的包围。太平军困于一隅，军需给养来源断绝，而清兵增援源源不断。洪秀全、冯云山、杨秀清等决定突围，冲出清兵的包围。突围之前，太平军先在蔡村江附近砍竹伐木，扎筏造船，造成清军错觉，以为太平军即将沿水路向东进发，于是减少北边防军，重点扼守沿江一带。

9月11日夜，月色如水。太平军以1000人扼守紫荆山口，准备向向荣出击，掩护大部队撤离；另有1000人担任前锋，负责攻坚开路。队伍从新圩北面的水枧头渡江，以突然袭击的战法，捣毁了清兵的哨卡，全歼哨卒100多人。接着太平军沿山间小路翻越百步顶，直下马鬃界，进入平南县，终于摆脱了清军几个月的围攻堵截。

长江水系

长江流域洞庭湖水系的湘江上游在广西，资江的上游夫夷水亦从广西流出，两者在广西的流域面积共 8399 平方千米，约占广西总面积的 3.5%。其中，湘江在广西的流域面积 7063 平方千米，资江在广西的流域面积 1336 平方千米。

尽管只有两条大河从广西进入长江流域，但其意义却巨大，特别是湘江。立在灵渠旁的"湘漓分流"石碑，无言地诉说着湘漓文化的包容与鲜明的个性。这个世界需要不同文化的碰撞、交流和融合。奔涌的湘江和甲天下的漓江，都为我们做出了很好的诠释。

微信 / 抖音扫码

湘江：日夜江声下洞庭

在红军长征历史上，有一场以河流命名的战役，史称湘江战役。

1934 年 11 月底，中央红军西征至湘江，为摆脱国民党军队的疯狂"围剿"，进行了三场战况惨烈的阻击战：灌阳新圩阻击战、兴安界首光华铺阻击战、全州脚山铺阻击战。中央红军由出发时的 8 万多人，经湘江一战后仅剩 3 万余人，以惨重的代价成功突围，谱写了一曲中国战争史上气壮山河的英雄史诗。

很多人不知道的是，湘江战役地点并不在湖南，而是发生在广西。

湘江是长江中游重要支流之一，是湖南境内最大的一条河流。湖南因湘江而别称"湘"。

湘江是洞庭湖水系中最大的河流，流域面积 94660 平方千米，发源于广西兴安县白石乡境内海洋山脉的近峰岭，上段称白石河，此为湘江正源。白石河向西流后，再转向北流；沿途纳入海洋河，至兴安县灵渠天平坝系统，上河段称海洋河。海洋河在灵渠被铧嘴一分为二，三七分流，七分继续流入北渠，称为湘江；三分被引入南渠，流过 33 千米，汇入漓江。

　　湘江向东北流，纳漠川河，经塘市村、界首镇，出兴安县，入全州县，先后在咸水镇纳入咸水河、万乡河、灌江、宜湘河，于全州县庙头镇岔岗村进入湖南省东安县境，再经永州市零陵、衡阳、湘潭、长沙等地，于湘阴县濠河口注入洞庭湖。

　　湘江在广西境内长 174 千米，流域面积 7063 平方千米。而湘江战役，就发生在广西境内的这段湘江河道上。

湘江桂林全州段（谭凯兴　摄）

湘江风景（谭凯兴　摄）

　　湘江是我国历史上开发较早的一条河流，战国时期的文学杰作《楚辞》中就已有提及。秦时，开凿灵渠，分泄湘江水，贯通漓江，沟通了长江水系和珠江水系，是我国南方穿越南岭的重要水路和交通孔道。

　　兴安县漠川乡的漠川河，是湘江最美丽的支流之一，发源于兴安东南部庞岭山系漠川乡保林村的盘王殿，流经漠川、湘漓两乡镇，注入湘江。沿江林木葱郁，春夏两季常有瀑布高挂，倾泻江中，陡增野趣。

　　漠川河畔张家崎村是著名的古银杏之乡。每年11月，是银杏最美的观赏季节。张家崎村已被授予"中国景观村落""广西传统古村落"等称号。漠川乡有银杏100多万株，其中古银杏达2.5万株，仅张家崎村的银杏树就有5000多株，上百年独株银杏超过200株。

　　除了张家崎村，漠川乡的榜上村、长洲村等村屯，

灵川的银杏林（周鸣　摄）

也有大面积的银杏树。每到秋天，满山的银杏叶在阳光下呈现出绚烂的色彩，地面上也铺满了掉落的银杏叶，满目金黄，展示着生命的浪漫和热烈。

五里峡水库

漠川乡是一个拥有 2000 多年历史的文化之乡。明崇祯十年闰四月二十日（1637 年 6 月 12 日），徐霞客到达兴安，开始了考察兴安的七日旅程。徐霞客惊叹于灵渠巨舫鳞次的盛景，继而溯湘江而上，为的是找到湘江源。当他登上兴安东南最高山——状元峰，极目远眺，"西瞰湘源，东瞰麻川（即今漠川河）"俱在足下。徐霞客梳理了这片地区的地理形势，沿湘江进入海洋山，顺利找到湘江源。

徐霞客从海洋山沿漠川河而下，从状元峰下来后，就到了漠川河的五里峡，只见这里"崇山逼夹"，且"溪声甚厉"，然后沿江而下，回到了兴安城。

徐霞客没想到的是，300 多年后，他当年经过的五里峡，如今大坝高筑，已变成了一座中型水库。

五里峡水库大坝在兴安县城东约 12 千米外的湘漓镇龙禾村旁，为漠川河下游。大坝建在漠川河的五里峡峡谷，故称五里峡水库。

五里峡水库工程于 1958 年由桂林专署水利设计队设计，同年 9 月开工。坝址以上集水面积 340 平方千米，按 100 年一遇洪水标准设计，1000 年一遇洪水标准校核。但是由于资金不足，数次停工，又数次复工。1972 年，

五里峡水库（陈宇新　摄）

兴安县举全县之力，在此筑坝堵漠川河水，1975 年初步建成，1990 年、2007 年曾两度加固。如今坝基厚 72.3 米，高 62.8 米，水库水面面积约 530 公顷，库容 1 亿立方米，水电装机容量 6400 千瓦。南北两大干渠，共约 35 千米，可引水灌溉稻田 1.30 万多亩。

五里峡水库两岸湖光山色秀美壮丽，群峰叠翠。主要景点有五里峡、九龙殿、状元峰、荷包山、七里峡、破肚园、狮子坐塘、姜太公钓鱼、桩子拴船等。放眼四望，湖光浩渺，景色宜人，方圆数千米之内，蓝天白云、碧水绿树相映成趣。

从兴安县城至漠川乡，即经过五里峡库区。来往人喧的古渡口早已淹没于水下，偶见一叶渔舟，悠然荡漾，落霞时分，孤鹜归林，西面万山灿若黄金。

界首镇：桂山苍苍，湘漓泱泱

界首镇位于兴安县东北部，处于两个山岭之间的隘口，群山环绕，形成天然屏障。界首古镇临湘江而建，是兴安、全州、灌阳、资源四县交界之地。因邻近湘江，界首镇水路交通十分便利，自古就是湘桂走廊咽喉要津，是兵家必争之地。

秦始皇统一中原之后，立即把下一步计划目标瞄准了岭南的百越各族。战争中，为了沟通湘漓两水，秦始皇命史禄监工，开凿灵渠。为保证开渠士兵与民夫的安全，秦军分别驻扎在今界首镇、溶江镇。在这条湘桂走廊里，秦军完成了浩大的灵渠工程，并最终完成了对岭南的统一。

秦军用 5 年时间凿通了灵渠，这是中国历史上的伟大工程。作为灵渠工程的见证者和后勤保障者，界首古镇可谓功不可没。从此，界首不仅成为商贸交往的重镇，也成为沟通中原与岭南的商贸活动中心。兴安的界首和全州的庙头，是两个著名的湘江商埠，所谓"上界首、下庙头"正是桂北地区的商业格局。"二十九，跑界首"，这是方圆百里流传久远的年俗。每逢圩日或重大节日，邻近四县的百姓都前往界首赶圩，灌阳的石榴、雪梨、红枣和红薯粉，全州的花生、黄豆、大蒜、草纸，资源的松脂，兴安漠川的杉木、桐油等，都集聚在界首交易。整个古镇熙熙攘攘、人声鼎沸，一派繁华景象。

除了商贸繁荣，在中原与岭南的文化交流中，界首古镇同样起到了桥梁作用。中原的货物与先进文化通过湘江输往岭南地区，同时界首古镇也将海外的优秀文化，传播到岭北和中原各地。界首古镇至今保存完好的有骑楼店铺 300 间，以及江西、湖南、灵川等会馆，还有百年"志源祥"和"裕昌隆"等商号。

界首镇是湘江战役的主战场之一。界首渡口是中央红军横渡湘江的重要渡口，这也使界首镇在中国历史长卷上再次书写了浓重的一笔。界首渡口是红军渡湘江最理想的渡口之一，最关键的是，过湘江之后，红军可以立即进入越城岭山区，便于隐蔽。界首渡口宽约 100 米，水深流急。1934 年 11 月 27 日下午，红军一军团二师四团抢占界首渡口。界首镇百姓积极行动，大力支持红军，捐出木船、门板、毛竹等，在湘江上架设两座浮桥。湘江战役时，红军指挥所就设在渡口附近的三官堂

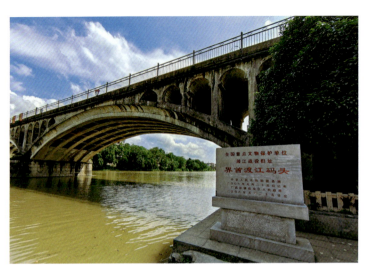

湘江战役旧址的界首渡江码头（夏羽　摄）

（今改名红军堂）。11月30日至12月1日，中央红军一、二纵队先后从此渡过湘江，从界首渡江的中央红军领导包括毛泽东、周恩来、朱德、张闻天等。

中央红军以血的代价强渡湘江，突破了国民党军队的第四道封锁线。从此，猛虎归林，蛟龙入海，一个史诗般的长征传奇开始了新篇章。

灌江：山水情长，滋养万物

灌江旧称观水、灌水，是湘江一级支流，也是灌阳县最大的河流。灌江全长约176千米，流域面积约2000平方千米，源头出自灌阳西南部的洞井瑶族乡小河江村的犁子坪，其向西南方向流经田庄坪，后转东向，至下小盘洞，纳入小盘江后，进入观音阁乡石家寨村两江口，与发源于洞井瑶族乡野猪殿村猪婆岭的鱼条江汇合。

灌阳灌江国家湿地公园（蒋人轲　摄）

灌阳灌江国家湿地公园（王云波　摄）

鱼条江自西向东流经黄竹坪、八工山、唐家等村屯，于观音阁乡石家寨两江口注入灌江。两江口以下称灌江，两江口以上称大河江。大河江全长 29 千米，总落差 1198 米，集水面积 67 平方千米。

牛湾河，也叫西山河，向东南流经正江岭、大坪、大凹桥、李家桥、柑子岭、刘家坪、罗家坪等村屯，后入黄关镇沙街注入灌江。

灌江在灌阳县境内流经洞井、观音阁、黄关、新街、灌阳、水车、文市等 7 个乡镇。在会湘村下马头屯流出县境，进入全州县，于全州水南村汇入湘江。

灌阳灌江国家湿地公园

湿地作为三大生态系统之一，被誉为"地球之肾"，具有涵养水源、净化水质、蓄洪、防旱、维护生物多样性等生态功能。灌阳灌江国家湿地公园位于长江一级支流湘江源头，这里是我国三大候鸟迁徙通道之一，地处我国 35 处生物多样性保护优先区中的南岭区内。

灌阳灌江国家湿地公园以灌江干流上游为主体，从洞井牛江、大河江、小河江汇水口起，至灌阳县城址止，以两岸范围为主，包括洞井瑶族乡、观音阁乡、黄关镇、新街镇、灌阳镇 5 个乡镇，还包括沿岸局部小面积陆地，如唐景嵩故居、大井塘生态园、倒风塘新村等。湿地公园规划总面积 612.43 公顷，其中湿地面积 510.21 公顷，湿地率为 83.31%。

灌江湿地毗邻千家洞国家级自然保护区、海洋山自治区级自然保护区，是保护水生生态资源和区域生物多样性的重要区域。

灌江两岸或为平畴沃土，或为高山深谷，其河道基本稳定，多河滩与沙洲。从灌阳县城往北3千米，为仁渡村官塘屯，由此出发往东北可至水车水库大坝，这段路程全长15.7千米，溪水清澈，两岸群山环抱，峰峦叠嶂，高耸入云，是灌江河段著名的"小三峡"。

灌江水利工程

灌江水利工程枢纽位于全州县东南两河镇白水村上游的灌阳河上，距全州县城39千米，是以灌溉为主，结合发电的综合利用引水工程。工程于1958年6月开工，1960年6月竣工。

灌区内有可耕面积近10万亩。这里土地肥沃，多为砂质壤土和沙黏土，最宜种植水稻。在引水工程修建之前，因水源短缺，仅5.2万亩耕地能种水稻，故当时修建引水工程十分迫切。

1958年4月，由广西水利厅工作组与桂林地区水电局进行灌江水利工程的勘测设计。

1958年11月3日开始第一期围水。大坝基坑上游设上下两道围水堤，第一道长350多米，堤顶宽2米，高6.5米；第二道长210多米，堤顶宽1米，高2米；下游围堤与上游相似。堤长水急，天寒水冷，建设人员需下水作业，极为艰苦。

引水枢纽工程属三级建筑物，于1958年6月开始备料，12 月全线动工，1960 年 3 月建成。

灌区工程分为总渠、东渠、西渠 3 条干渠，均于 1960 年 6 月 26 日竣工通水。

总干渠由坝首进水闸起，到分水闸止，全长 31.76 千米，灌溉面积 1.1 万亩。渠道沿灌江右岸山坡开挖，山坡陡峭，工程险峻。例如，合掌山段长 1400 米，鸬（lú）鹚（cí）岭段长 1220 米，塔鱼塘段长 320 米，均是在悬崖上劈山开渠，高者达 50 多米，挖土、填土最深的地方约 14 米。

东干渠，由总干渠分水闸起，经过全州县城、永岁镇、黄沙河镇、庙头镇等地。全长 49.5 千米，控制灌溉面积 2.92 万亩。

西干渠，由总干渠分水闸起，至粟家渡五里坪电站止，全长 2.8 千米，灌溉面积 2600 亩。

引水工程建成之前，灌区原有水田 2.1 万亩，平均亩产约 228 千克。正式通水后，1985 年实际灌溉面积 4.28 万亩。灌区粮食产量，由引水工程建设前年产 472.5 万千克，增加到 2140 万千克，增长了 3.53 倍。

瑶族胜地：灌阳千家峒

灌阳千家峒位于湘桂之间的都庞岭上，由上、中、下三个峒组成，其地势四周高中间低，西面环绕着莽莽的原始青山。有一条清澈的溪流自上而下贯通全峒，此为灌江支流秀江、泡江的源头。

千家峒上峒是连片的坡地，西半坡残留有大量用卵石砌成的房屋遗址，整齐划一；中峒相对平坦；下峒是一个盆地，占地面积约 1500 亩。上、中、下三峒野草丛生，或有低凹处聚水为池，成为莲塘。

长期以来，瑶族的千家峒充满了神秘色彩。它是瑶族人心中的桃花源。灌阳古今县志中，都有关于千家峒的记载，古代地图上都标有千家峒的地名。清康熙四十七年（1708 年）的《灌阳县志》地图上，也标有千家峒的地名。

由于战争等原因，瑶族先民与苗族先民一样，居无定所，长时间迁徙漂泊，过着动荡不安的生活。有一天，他们发现位于灌阳的千家峒，四面环山，山有小口，进入后豁然开朗，典型的桃花源地形地貌。瑶族先民就此落地生根，开始了新生活。书中这样记载："有一地，四面高。有石洞一座入内，内有数十里丰原广地，可到此地定居，日后人繁族广，定名为千家峒。"

元大德九年（1305 年），瑶族先民从聚居地千家峒开始，进行了大迁徙。无论迁徙何处，他们对灌阳千家峒的桃源生活都十分怀念，无论是族谱还是碑刻，都记载着始祖出身于灌阳千家峒。

灌阳出土了不同历史时期的文物，反映瑶族文化特征，说明这片土地早就有瑶族人生活。例如，灌阳出土的铜鼎，龙头凤尾鸟蹄足，与灌阳油茶锅相同，南方少数民族特征明显。

由于外地的瑶族人不断回到灌阳寻找千家峒，一时间出现了多个千家峒。为了揭开千家峒的秘密，由武汉大学哲学系、中山大学人类学系、广西瑶学会、灌阳县委、灌阳县人民政府组织的"中国灌阳都庞岭千家峒研讨会"在灌阳召开，与会专家学者一致认为，千家峒就在以都庞岭韭菜岭为中心的周边。

　　费孝通先生曾题词："都庞岭千家峒瑶族的历史值得我们进一步研究。"据此可知，灌阳千家峒是瑶族的发祥地之一。

灌阳千家峒景区（蒋人轩　摄）

沿海诸河

　　北部湾是位于我国雷州半岛、海南岛、广西及越南之间的一个半封闭海湾，俗称"两国四方"，为南海最大海湾，水域面积近 13 万平方千米北部湾海洋环境优越，拥有红树林、白海豚、儒艮等众多珍贵的动植物资源。

　　桂南地区直接流入北部湾的河流很多，主要分布于广西南部的钦州市、北海市和玉林市。流域面积在 50 平方千米以上的河流有 123 条，主要有南流江、大风江、钦江、茅岭江、防城河、北仑河以及流到广东入海的九洲江等。沿海诸河集水面积约 2.3 万平方千米，占广西土地总面积的 9.68%。

　　桂南沿海诸河流域，北部有十万大山、六万大山和大容山，地势较高；南侧面临北部湾，整个地势向南海边倾斜。

　　北部湾地处温暖湿润的亚热带季风气候区，气候温和，日照强度大，雨量丰沛，霜少无雪，夏长冬短，多年的年均气温 21.6 ～ 23.0℃。沿海诸河多呈平行状，河道较为短小，水量丰沛，汛期在 4—9 月，含沙量大。中上游水土流失较严重，旱、涝、洪、潮和热带气旋等自然灾害较频繁。高强度降雨风暴往往是造成水土流失的重要原因。因此，在桂南沿海诸河流域开展植树造林，做好水土保持工作，建立良好生态环境十分必要。

南流江：广西独流入海的最大河流

　　南流江，又名廉江，是桂南沿海诸河中独流入海
的最大河流，源出北流、容县之间大容山最高峰——

莲花顶北侧的草甸溪涧，自北向南流淌，故名南流江。南流江流经北流市、玉林市、博白县、浦北县、合浦县等地区，至合浦县入北部湾。南流江全长287千米，流域面积8635平方千米，年平均入海水量68.3亿立方米，占广西沿海年入海总水量的27.3%，是广西南部独流入海河流中流程最长、流域面积最广、水量最丰富的河流。

南流江周边山地环绕，自北向南，由玉林盆地、博白盆地、南流江三角洲3个地理单元构成。

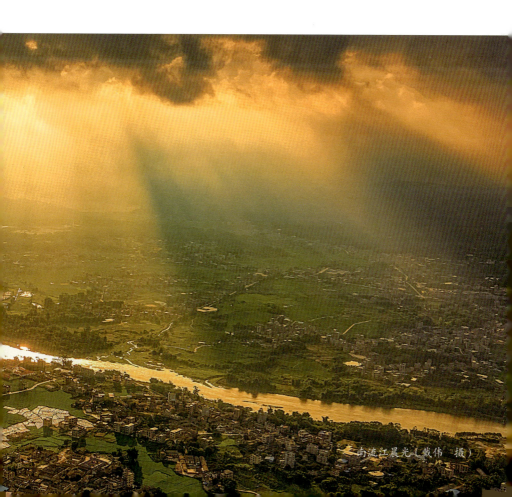

南流江晨光（戴伟　摄）

南流江上游经过广西最大的盆地——玉林盆地。玉林盆地四周环山，中部高，向南北两面倾斜；北面为大容山，西靠六万大山，东南是地势起伏且较平缓的岗地和低丘岗地，最低点是合浦县沙田镇南流村，海拔61.3米。南流江由北向南贯穿盆地中部。这里地势平坦，土壤肥沃，日照充足，雨水丰沛，是广西主要产粮区之一。从北流境内流入南流江的支流有六洋河（旧志称"绿蓝水"）、白鸠江、塘岸河、清湾江等。从玉林境内汇入南流江的支流分一级支流、二级支流和三级支流，其中，一级支流有六珠水、清湾江（罗望江）、定川江（车陂江）、桥丽江、沙生江（太平江）、旺老江、社洞江、苏立江、六司江、沙田江；二级支流有路峒江、邓江、大梁江、酾水江、三山江（仁东河）、雅桥江、西水江（双凤江）、七冲江、都黄江、六答江；三级支流有党州江、北清水江、沙埠江。

南流江中游流经博白盆地，博白县境内长95千米，沿岸形成了河流冲积阶地和小平原。在六万大山余脉和云开大山余脉之间，三面环山，形成较完整的沙河谷地。博白境内汇入南流江的支流有30条，其中位于南流江以东的有合水河、周村江、乌豆江、小白江、清湖江、亚山江、白花江、合江河、新郑河、霞岭河、岸冲河、洋运河、乌木河、李扬河、龙垌河15条支流；位于南流江以西的有春石河、绿珠江、水鸣河、西垌河、上包河、下包河、顿谷河、林村江、山桥河、大仁河、金阵河、江宁河、木旺河、双山河、大陂河15条支流。这些支流最长的达45千米，最短的只有4千米。

　　南流江下游流经南流江三角洲，即北部湾畔的合浦南流江河口地区，面积 175 平方千米。从廉州镇至海滨，距海 10～20 千米，海拔高度由 3 米降至 0.5 米。南流江年平均输沙量 150 万立方米，泥沙不断沉积，使三角洲以每年 1.6 米的速度向海推进。这里河海相连，光热充足，盛产稻米、花生和蚕桑。

南流江畔的风景美如画（冯海强　摄）

绿珠江水电资源

历史上称得上富可敌国的大臣，西晋武帝时期的石崇算一个。有一年，石崇出使交趾。在回程时，途经南流江，听说江畔绿萝村有个绝世美女，名叫梁绿珠，石崇专程拜访。

石崇是江湖人物，见过大世面，但他一见绿珠，还是被惊呆了，果然是倾国倾城貌。石崇欣喜万分，用三斛明珠聘绿珠为妾。回到洛阳后，为了让绿珠开心，石崇建园林金谷园，内筑高楼，让绿珠抚慰乡思。绿珠妩媚动人，又善解人意，不但貌美，还会跳热情奔放的南方舞蹈，深得石崇宠爱。

时值赵王司马伦专权，赵王党羽孙秀垂涎绿珠倾国倾城貌，决定抢夺绿珠。孙秀在赵王面前诬陷石崇谋反，赵王命孙秀前往查探。孙秀立即带兵包围了金谷园。石崇正与绿珠在二楼赏花，毫无防备，被五花大绑。孙秀要挟石崇交出绿珠，才可获释放。石崇毫不畏惧，表示即便死，也决不拿绿珠作为交换。绿珠明白了眼前的一切，她爱石崇。绿珠淡淡一笑，跨过栏杆，纵身一跃，化为一缕香魂返回南流江畔的绿萝村中。

绿萝村人听闻绿珠事迹，无不泪下，建绿珠祠奉之，并将村井命名为绿珠井；而村边通往南流江的河，也被命名为绿珠江。

绿珠江风光（叶冠 摄）

绿珠江是南流江主要支流之一，发源于福绵、博白与浦北交界的六万大山山脉，主流在博白县境内，由北向南流经双凤镇、浪平镇，在博白县城西南部约 4 千米处汇入南流江，全长约 45 千米，流域集水面积 352 平方千米。绿珠江具有丰富的水资源，天然落差达 350 米，非常适合建设小型水电站和综合开发利用。目前已建小型水电站 4 座：月田电站、大田电站、充粟电站、绿珠江电站，其中充粟电站为龙头电站，是具有水资源年调节能力的电站。

绿珠江灌溉水坝（冯海强　摄）

在绿珠江与南流江交汇处，一座大桥凌空飞架，这就是现代化的南流江绿珠大桥。

绿珠大桥于 2011 年 7 月 1 日建成通车，其前身是建于 1971 年的南流江大桥。50 多年过去了，南流江大桥已不再适应新时代发展的需要，无法承担日益繁重的交通流量。经广西交通运输厅批准，在原址上重建一座"绿珠大桥"，桥长 216 米，宽 18 米，按 100 年一遇洪水概率设计。绿珠大桥建成通车后，是博白西片乡镇入城和博白通往钦州、浦北的便捷通道。

绿珠大桥（叶冠　摄）

钦江：运河滚滚入海来

罗阳山是灵山和浦北两县界山，主峰位于灵山县东北部，是六万大山余脉，山势跌宕起伏。在灵山县，民

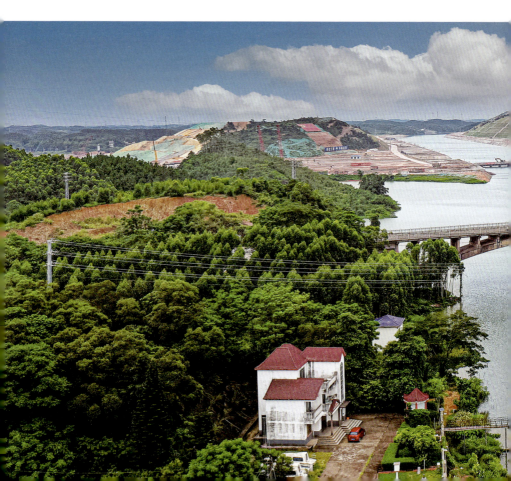

间有个说法："大不过东山，高不过罗阳。"意思是说，灵山县境内面积最大的山，是东山；最高的山是罗阳山，海拔869米。东山与罗阳山，是灵山县境两条平行的山脉，总体呈东北—西南走向。

罗阳山林木蔚苍，水声潺潺，森林覆盖率达96%，森林生态系统十分完整，水源丰富，形成许多林涧溪流，泉石相映，淙淙不绝。

在罗阳山与东山之间，位于灵山县城东部14千米处，有座灵东水库，当地人又称其为"东湖"，始建于

钦江（吕秀英　摄）

1958 年，是当时全国兴修的十大水库之一。在罗阳山，可以看到山麓下有条长长的大坝，拦截了罗阳山上的流泉和山下的江水，形成了巨大的湖泊。

水库东西走向，呈狭长形状。环顾湖岸，林木清润，山翠如洗。湖水、森林、小岛、村庄、荔园、蕉林参差错落。秋日之际，灵东水库波光粼粼，湖边白鹭翔集，大群白鹭如雪花般翩翩起落，点缀山野。"东湖秋鹭"为罗阳山八景之一。

罗阳山脉是钦江水系的重要水源区。钦江全长 179 千米，主要源头有两支，一支源于东山林区东麓的白牛岭，另一支源于罗阳山北麓，形成的两条河流在灵山县平山镇汇合后，自东北向西南，横穿灵山境内，经平山、佛子、灵城、三海、新圩、檀圩、那隆、三隆和陆屋（陆屋镇以上河段，亦称鸣珂江）等镇，穿过钦州市区，经青塘镇、平吉镇等，于尖山镇的犁头嘴、沙井等地注入茅尾海，是广西南部沿海直接入海的第二大河流。

钦江汤汤，润泽一方

钦江流域面积约 2457 平方千米，属亚热带季风气候区，受热带低压和台风影响，高温多雨，雨量丰沛，雨量集中。每年 4—9 月为汛期，受台风暴雨袭击，地表径流暴涨暴落，造成汛期水量大量入海。

钦江流域丘陵起伏，地形复杂，丰水期与枯水期水量差异悬殊。一年之中，往往是先旱后涝，涝后又旱，旱涝交替出现。1971 年 6 月 2 日，受台风影响，钦江发生了 50 年一遇的洪水，水闸最大洪峰流量 1770 米 ^{3}/秒；1991 年 7 月发生旱灾，广西各地降水量普遍偏少，钦州地区少至 60%，最枯流量只有 1.76 米 ^{3}/秒，两者相差千倍。

钦江流域耕地面积约 445 万公顷，大部分种植双季稻，钦江灌区面积约 275 万公顷，约占耕地面积的 61.8%。钦州市和灵山县均属钦州地区主要粮产地，频繁的旱涝自然灾害，制约了农业发展。为改善农业生产条件，钦州人兴修水利，兴建了大批中小型水利工程，主要有灵东水库水电站、青年水闸水电站、钦江灌区等。

钦江灌区是钦州市的一个大型灌区，总面积约 169 万公顷，主要沿钦江自东北向西南呈带状分布，包括灵山县、钦南区、钦北区 16 个乡镇 100 多万人口。钦江青年水闸水电站位于钦州市钦南区沙埠镇，1959 年 10 月动工，1960 年 3 月建成。一条长 152 米的拦河大坝，将钦江拦腰截断，东西两岸各挖一条水渠，分别命名为东干渠、西干渠，人们称之为运河，引水灌溉沙埠、康熙岭、尖山、大番坡、久隆等 5 个乡镇的农田 6333 公顷，使钦江流域一改过去干旱、地瘠、贫穷的历史，成为富饶的鱼米之乡。

一河贯通，八桂向海

2022 年 8 月 28 日，中国西部陆海新通道骨干工程——平陆运河正式开工建设。平陆运河起点在横州市郁江西津库区的平塘镇江口，经灵山县陆屋镇，沿钦江进入北部湾，全长约 135 千米。

钦江青年水利枢纽（吕秀英　摄）

　　100 多年前，孙中山先生在其著作《建国方略》中，谈到了南宁与钦州。孙中山先生以睿智的构想，提出了从钦州港出海的重要意义。他认为，"改良迄南宁之水道""设堰及水闸"，则可"使吃水十英尺之船可以通航，并资之以生电力"。

　　关于钦州，孙中山先生分析道，如果选钦州港出海，则比经广州可减少 600 多千米航程。通常海路运输比铁路运输价格优惠非常多，这在经济上是十分划算的。他写道："虽其北亦有南宁以为内河商埠，比之钦州更近腹地，然不能有海港之用。所以直接输出入贸易，仍以钦州为最省俭之积载地也。"

　　孙中山先生的这个宏大构想，与我们今天正在建设的平陆运河工程设想是完全一致的。改良郁江水道、设堰及水闸、郁江通航与发电，均已全部竣工投产。目前，平陆运河工程正在热火朝天地进行，预计 2026 年 12 月底完成主体工程。运河建成通航后，将直接开辟广西内陆及我国西南、西北地区运距最短、最经济、最便捷的出海通道，可缩短西南地区货物入海航程约 560 千米，预计每年可为西部陆海新通道沿线地区节约运输费用超过 52 亿元。

　　平陆运河建成后，将为我国西南地区开辟一条由西江干流向南入海的江海联运大通道。历史悠久的南宁城也将融入现代化的航运时代，通江达海，向海图强。

建设中的平陆运河（吕秀英　摄）

北仑河：从十万大山流向北部湾

　　北仑河，桂南沿海诸河之一，独流入海。其位于东兴市西北部，是中国与越南的国际河流。北仑河源于防城区与宁明县交界的十万大山捕龙山东侧，河源段称宝鸡河；向东流，至峒中镇板八村那敢屯，纳入江口河，后转向东北流，称八庄河；至那良镇北仑村北仑圩屯，

纳入黄关河，后折向南流，始称北仑河；至那良镇大河村下游 2 千米处，纳入嘉隆河，后转向东南流，为中越界河，东侧为中国，西侧为越南。

北仑河在嘉隆河汇入口下游 6 千米处，纳入那良河，继续向东南流，至东兴市境内分为东、南二支，南支为主流，经尖山脚，至越南芒街市的岳山出海；东支为分流，为中越界河，绕过东兴镇往东南流，至楠木山村罗浮屯与马路河汇合，于竹山村街边屯出海。

北仑河流域总面积 1187 平方千米，干流全长 107 千米。其中，中国境内流域面积 700 平方千米，干流长 67.4 千米，中越界河长 30.83 千米。主要支流有江口河、黄关河、滩散河、那良河等。

北仑河风光（陈镜宇　摄）

大清国一号界碑

在东兴市竹山村的北仑河口，屹立着一块"大清国钦州界"一号界碑。这里是中国大陆海岸线的起点和陆地边界的起点，通常称为"零起点"，并配有零起点的地理标志。零起点标志附的就是一号界碑，为清光绪十六年（1890年）所立。尽管一号界碑体积并不大，但每个国人站在界碑前的那一刻，都会感觉界碑像一座巨大、坚固、厚重的国门，意味着不可侵犯与寸土不让。

1883年12月，中法战争开始。法国侵略越南，中国也被卷入战争。这场战争中，清军作战非常勇猛。广西年近七旬的老将冯子材披挂上阵，出发前，他嘱咐家人："万一军有不利，百粤非复我有，亟率我眷属，奉香火驰归江南祖籍，永为中国民，免奴外族也。"谁也没想到，镇南关一战，冯老将军手持大刀与法军肉搏，使清军士气大振，中法战争一雪两次鸦片战争的耻辱，以中国人的胜利而结束。

这场战争让中国人民扬眉吐气。但是，正当冯子材率清军杀向越南河内时，慈禧怕惹怒法国人，立即命冯子材撤军。清光绪年间，法国殖民势力在控制越南后，数度要求清政府派人勘定中越边界。清政府派钦差勘界大臣邓承修、江鸟胪寺卿邓承修、钦州知州李受彤，与法国勘界使臣狄隆会勘中越边界。

尽管法国人战败，但还是屡屡制造事端，甚至侵占我国"京族三岛"，企图改变边界现状。中国代表李受彤等据理力争，坚决驳斥法方的无理要求："不撤出三岛，难道你们还想开战吗？"

被打怕了的法国人，只好把"京族三岛"归还中国。这才有了边界的正式谈判。"大清国一号界碑"由此诞生。

红树林生态系统

广西北仑河口国家级自然保护区位于我国大陆海岸线防城港西南沿海地带，总面积 3000 公顷，核心区面积约 1407 公顷。

保护区地理位置特殊，南濒北部湾，西与越南交界，自西向东跨越北仑河口、沥尾岛和珍珠湾。红树林是植物界具有极高智慧的生态系统，有"海上森林"和"海岸卫士"之誉，在保护海洋生态、净化海水、防风减灾、防止赤潮发生、维持沿海生态平衡、保护生物多样性等方面，具有十分重要的作用，其适应海边恶劣自然环境的生存本领，更是令人惊叹。

广西北仑河口国家级自然保护区内的天然植被主要是红树林，这是我国红树林分布相对集中的地区之一。红树林面积达 1274 公顷，其中珍珠湾内连片面积最大的红树林达 10.68 公顷，为我国大陆海岸连片面积最大的红树林。湿地内有红树林植物 15 种、群落 12 种，主要包括海榄雌、秋茄、海漆、木榄、老鼠簕、桐花树、红海榄、海草和银叶树群系，其中连片木榄纯林和大面积老鼠簕纯林群落为中国罕见。

大海岸边，海浪汹涌澎湃，海水又苦又咸，大多数高等植物在此环境下尚难以存活，红树林却能在此生长繁衍，生机勃勃。在海边，第一次看到红树林的人也许会问，明明是一片绿油油的树林，为什么叫红树林？原来，红树全身富含单宁酸，尤其树皮里含量最高。单宁酸遇空气氧化后就变成红色，无论是砍开树皮，还是切开树身，单宁酸很快就会被氧化而呈红色。这就是"红树林"之名的由来。

红树林植物有发达的根系，能抵抗巨浪和台风。木榄由很多条粗根构成庞大的根系，根系下面又生出很多须根扎进土里，无论何种狂风，它们的根部都像吸盘，牢牢固定在泥土里。红海榄，在树茎向四周斜长出无数

北仑河畔的红树林（丘和　摄）

的支柱根，就像长了无数支撑架，怎么摇晃都不会倒。

红树林的繁殖居然是"胎生"。大多数高等植物都是以种子繁殖，种子成熟后，通过各种形式播送到远方生长。而红树林的种子成熟后，并不立即脱落，而是在母体上继续发育，待到胚芽长到一定长度，才从母体脱落，一头栽入泥土中，继续生长。

大海涨潮时，很多红树林植物被海水淹没。那么，水面下的红树林是如何呼吸的呢？

海榄雌是组成红树林的植物种类之一，大潮时没入水下，变成水下森林。海榄雌的根部能长出许多呼吸根。一棵 3 米高的海榄雌，指状呼吸根多达上万个，退潮的时候呼吸根露出水面，吸收大量的氧气，使每棵树都有充足的氧气供应。

红树林是热带、亚热带的海上森林，每次潮起潮落都会有大量昆虫和果实落入海中，直接或间接地为各种水生动物提供食物。红树林中生活着众多昆虫和鸟类，水里生活着很多的藻类、原生动物、丰富的鱼种和虾蟹，这些又为鸟类提供了丰富的食物。

北仑河口湿地是重要的国际候鸟通道。在候鸟迁徙季节，大量来往于我国北方及西伯利亚、东北亚与东南亚和澳大利亚之间的候鸟，途经该湿地，这一带沿海红树林和滩涂，就成了候鸟重要的食物补给地。广西北仑河口国家级自然保护区成立之初，记录的鸟类有 145 种，至 2021 年监测显示，保护区记录的鸟类达到 299 种。保护区成了候鸟迁徙的安全通道及安全栖息地，各种鸟类在这里得到有效的保护。

红河水系

那坡县位于广西西南部，东部与靖西市相邻，西南部与越南山水相连，国界线长206.5千米，是广西陆地边界线最长的县份。

红河发源于云南省南涧彝族自治县，干流河长1280千米，中国境内河长772千米，集水面积在我国境内1461平方千米，占广西土地总面积的0.61%。在广西边境的那坡县，境内国际河流有百南河、那布河、上荣河，均属于红河水系，总流域面积2609平方千米，其中，百都河流域面积2402平方千米、那布河流域面积59平方千米、上荣河流域面积148平方千米。

那坡县境内红河水系的特点是国际河流，河流落差大，狭窄弯曲，呈树枝状分布。

百都河：西南国际河

百都河又称那孟河、百南河，发源于云南富宁县孔家湾山腰，东流与里达镇塘子坡支流汇合，后流经郎恒乡，在广西那坡县百都乡那全屯上游 1.4 千米处，进入那坡县；后经百都、百乐、那行、百省（纳入上荣河）、那孟等地，在百南乡百南大桥处，纳入由东北而来的百合河，始称百南河；转折南下，最后经百南乡规良村那平屯的大、小龙潭出国，进入越南，称甘河。

上荣河，发源于云南富宁县田蓬镇东山北侧，流出越南横模州后，再次流入云南文山壮族苗族自治州，接着进入广西，汇入百都河。

百都河是红河的三级支流。百都河河槽狭窄，宽处仅 50 米，水深 15 米。在广西境内有红泥河、下华河、百省河、百合河等 4 条一级支流，流域面积大于 100 平方千米，先后汇入干流。

百都河在中国境内的长度为 93 千米，流域面积 2449 平方千米，其中广西那坡县境内河长 62.4 千米，流域面积 1758 平方千米，多年平均径流量 14.9 亿立方米。天然落差 336 米，可利用落差 320 米，水能蕴藏量 11.54 万千瓦，可开发水能资源量 9.61 万千瓦。百都河已开发水能资源量 6 万千瓦，均为中小型水库和塘坝。

现有中小型水电站 71 处，总装机容量 5974 千瓦。

百都河流域耕地面积 9.6 万亩，其中水田 3.7 万亩，旱地 5.9 万亩；有效灌溉 3 万亩，无水利灌溉耕地 6.6 万亩。3 万亩灌溉田是全县的主要产粮区之一。粮食作物以水稻为主，玉米次之。

百都河一路蜿蜒，奔流于深山幽谷之中。两岸崇山峻岭，山坡植被良好。群山之中的平孟口岸，属于国家一类陆路边境口岸，源于平孟镇的百布河，为地下暗河，也是百都河的源头之一。平孟口岸是中国西南部进入越南的前沿。经平孟口岸南下，可直达越南和东盟各国。

百都河水系的百省河段那盂水电站（李永锋　摄）

老虎跳自治区级自然保护区

广西老虎跳自治区级自然保护区（简称"老虎跳保护区"）位于那坡县西南方向。这里西与云南省富宁县接壤，南与越南相邻，其最高峰海拔1603米，因占据中越边境线69千米，被称为"边境线上的保护区"。

生物多样性构建了人类生存和发展的基础。中越边境地区，属北热带喀斯特季雨林森林生态系统及野生动植物分布区，生物多样性丰富，在国际上具有很高的代表性和典型性。老虎跳保护区是中越边境生物多样性的核心地区之一。

在老虎跳保护区，有以百都河为主要代表的河流属于越南的红河水系，气候温和，水热充沛，多年平均气温18.8℃，多年平均降水量1408.3毫米。保护区主体为典型的喀斯特生态环境，山体高大陡峭，小生态境多样，地带性植被以沟谷雨林和喀斯特山地季节雨林为主。

老虎跳保护区有47种植物为广西特有种（仅分布于某一地区的动植物物种），占广西特有种总数882种的5.33%，主要有茜草科、樟科、凤仙花科、榛木科、木樨科、报春花科等；喀斯特地貌特有植物主要有地枫皮、岩樟、龙州凤仙花、金丝李、蚬木、鸡尾木等。喀斯特山区对植物生长有苛刻的要求，因此能在喀斯特环境里生长的植物，弥足珍贵。

老虎跳保护区总面积约23560公顷，保护区内现有陆生野生脊椎动物285种，其中国家一级重点保护野生动物4种，国家二级重点保护野生动物36种。

2023 年，老虎跳自然保护区工作人员在进行动物监测工作时，又新发现了国家二级重点保护野生动物——蓝枕八色鸫（dōng），这是继绿宽嘴鸫之后发现的第二种国家二级重点保护野生动物。蓝枕八色鸫属雀形目八色鸫科八色鸫属，主要分布于广西西南部，为罕见留鸟。

深山峡谷，国际漂流

老虎跳峡谷位于那坡县西南部的百南乡，中越两国隔水相望。峡谷内石山壁立，宽约 150 米，最狭窄处不足 30 米。据传，山上有巨石如虎，其状如飞腾跃起，故名"老虎跳"。老虎跳峡谷距那坡县城 59 千米，距越南高平省高平市 186 千米。

老虎跳峡谷为砂页岩断裂带中山地貌类型，其间亦有喀斯特地貌。沿着 219 国道行走在老虎跳峡谷，如入原始森林，各类植物遮天蔽日，山峦连绵，沟谷幽深。峡谷里，一条曲折的河流向前延伸，这就是国际河流——百南河。百南河从百南乡境内流向越南，是老虎跳峡谷漂流的主河段。漂流从百南大桥头起始，顺水南下至中越边境 589 号界碑止，全程 9 千米，被誉为中国南部边境最大的跨国峡谷。

在那坡县百省乡有一条那布河，属于红河一级支流，发源于百省乡面良村面良屯，流经那布村那布圩、洞洒屯后，于百怀隘界碑处流出国境，进入越南，与南利河汇流后注入红河出海。广西境内河长 9.8 千米，流域面积 58.5 平方千米，多年平均径流量 0.38 亿立方米，水能理论蕴藏量 4200 千瓦，可开发水能资源量 3600 千瓦，只有少量已开发。

隔河相望，边陲往事

中越两国的陆地边境线长达 1000 多千米，两国边民语言、文化和习俗相通或相近，往来、贸易、通婚从未间断。尤其是近 20 年来，随着中越关系的改善，中国经济的快速发展，中越边民跨国人口流动激增。在那布河流域、百南河流域，中越边民间的交往与联姻现象日益广泛。

以那布村的水弄、水弄二社为例。这两个村屯与越南村庄紧密连在一起，祖辈都有联姻，两国边民很多都有姻亲关系，他们放牛、约会、谈恋爱的地方，就在国界碑附近。大家你来我往，若不看出这里有国界线，外人以为只是一个村子。

到了农忙季节，或者村里有人家盖房子等，越南边民会主动来中国这边帮忙劳动。他们有的并不需要工钱，只需晚上管顿酒就行了，趁着夜色，跨过界碑回越南睡觉，第二天早上再来。

两国边民除了农活相互帮忙，更多的是边贸互市。中国那坡县有平孟、百南、百省、百都 4 个乡镇 21 个村 89 个屯与越南高平、河江两省的河广、通农、保乐、保林、苗旺 5 个县接壤，设有 1 个国家一类陆路边境口岸——平孟口岸和平孟、百南、那布 3 个边民互市点，以及念井、岭隘、弄平、弄合 4 个边境集市贸易点。

这些边民互市点和集市贸易点，极大地方便了两国边民的互市贸易。百省乡农历逢一和逢六是圩日。圩日那天，越南边民就会大量进入圩镇。百南乡圩日，赶圩的越南边民，有一半是从小路入境，他们与中国边民用同一种语言讨价还价，如在村头聊天，同在本国一样。

边民互市点属于小商品交易，有固定圩日，但规模不大。集市贸易点规模要大些，可进行商品批发。在这里，中越边民可进行各类商品买卖，如越南人带来的大量草药、木料和农副产品，而中国边民主要出售电器、建材和日用品等。

边贸的繁荣促进了中越边民的深入交流，两国年轻人彼此心生好感、互生爱慕的故事层出不穷。老一辈是由中间人介绍，媒妁之言，而现在则省去了这些麻烦，两人一见倾心，双方见了家长，即可登记办证，请全村人喝酒。

后记

  2006 年，我到南宁后一直住在心圩江畔，至今已 17 个年头。心圩江也从一条普通的邕江支流，变成了风光旖旎的湿地公园。心圩江虽已变得唯美精致，但我更怀念那条长满芦苇、菖蒲、灯芯草的心圩江，从高峰岭逶迤而来，一路充满野趣，能让我时常看到落霞孤鹜，心境辽远。

  每日写作之余，我唯一的活动就是到心圩江边散步。心圩江并不张扬，没有浪奔浪涌，也没有奢侈的万顷碧波，而是蓝色、沉静、涓涓细流，如水边细语。但我知道，心圩江到邕江的直线距离只有 1.5 千米，它会流入郁江，汇入黔江，彻底融入滔滔西江，奔赴汪洋。这是心圩江的智慧。

  每当我站在心圩江边，我都能听到远方江河的脉动，想到沿河的村庄、古镇与废弃的码头，想到每条河流的历史、文化、风情与传说。后来我在一家文学杂志开辟了三年专栏。其中一年，写了《桂水十记》，算是向西江致敬。

  广西的江河文明，厚重而又广博。就水系而言，除西江水系、长江水系、沿海诸河、红河水系外，还有体系庞大、神秘未知的地下河水系。这与中原大地的江河性格迥异，水资源丰富，还充满神秘。

  本书几乎涵盖了广西的大江大河。我写这本书的目的，主要是介绍广西河流的来龙去脉。当我们面对生活的不如意时，希望那些奔腾的江河能带给我们澎湃的激情和精神的启迪。

朱千华
2023 年 6 月